改訂増補版

実務に役立つ
知識が
いっぱいです!

行政書士のための
相続実務
マニュアル

特定行政書士 初見 孝 著

三省堂書店／創英社

はしがき

　平成30年7月6日に相続法が40年ぶりに大改正され、令和2年7月10日までに順次施行されました。また令和5年（2023年）4月1日からは特別受益と寄与分の主張を制限する新たなルールが導入され、令和6年（2024年）4月1日からは相続登記の義務化等を内容とする不動産登記制度も見直されます。

　社会の高齢化の進展を背景に、巷間ではテレビをはじめ新聞、週刊誌などの刊行物に「相続」の文字が氾濫していますが、この機会に相続法の改正事項を実務の流れに位置付けながら、相続業務に挑戦しようとする行政書士を対象に、実務に根差した実務に役立つ本を書いてみました。

　相続手続は、相続人とその親族が関与し、家庭環境や経済的利害が複雑に絡み合い、その調整と合意形成には多大な時間・労力と知識が必要です。大学を優秀な成績で卒業しても、法律書を沢山読破し難しい資格試験に合格しても解決は困難です。この世界は経験と実績と成功体験がものをいう世界です。

　本書は行政書士を対象として書かれたものですが、実務経験が少ない司法書士・税理士・社労士・宅建士等の士業者にも広くご活用いただき、不毛な相続紛争の防止と解決に役立てていただければ望外の幸せです。

　令和4年7月

　　　　　　　　　　　　　　　　　　　　特定行政書士　　初見　孝

はしがき（改訂増補版）

　本書初版を刊行してから2年が経過しましたが、この間に多くの読者の方々から、相続業務の全体像が理解できた、理由と根拠が明示されていて分かり易い、痒い所に手が届く内容である、実務家目線で書かれている等々の嬉しいご意見を頂きました。

　初版後、令和5年（2023年）4月27日に相続土地国庫帰属制度が、令和6年（2024年）4月1日に相続登記の義務化が施行されましたので、今回出版するにあたってはこれらの事項も各所に反映させ、また新たに実務上活用できる資料（文例）を追加するとともに「渉外遺言」と「家族信託」の項目も設けました。

　私事ですが、年明けに突然、悪性リンパ腫ステージ4のがん宣告を受け、入院と通院で抗がん剤治療を余儀なくされました。様々な副作用に悩まされましたが、妻の献身的なサポートと仲間の励まし、また本書の改訂増補版を完成させたいとの強い思いが生きる力となり、がんサバイバーとなりました。

　初版に引き続き、行政書士をはじめとして、司法書士、税理士、社労士、宅建士等の各士業者、その他相続業務に係るすべての方々に広くご活用いただき、無益な相続争いの防止と解決に役立ててほしいと願っております。

　令和6年10月

特定行政書士　　初見　孝

本書の特徴
1、単なる概説書ではなく、実務に役立つ本を目指しました。
2、相続業務手続の全体像を改正法等も含め、体系的に記述しました。
3、行政書士等が悩む倫理・業際、報酬、限定承認、分割協議の進め方等にも言及してみました。
4、「コラム」、「実務のポイント」、「重要判例」を各所に挿入し、理解と興味・関心が深まるように工夫しました。
5、役立つ資料（文例）を多く添付しました。

インデックスについて
　インデックスは、原則として下記の順序としましたが、複数の要件を列挙する場合には、順序にこだわらず、〇囲み数字（①　②　③）を使用しました。

（注）と下線について
　本文の説明不足を補うために（注）を付して説明を補充しました。また特に強調すべき箇所について、筆者の独断で下線を付しました。

法令の表記（凡例）

- 民法第 1028 条第 1 項第 1 号　　　　　　　　民 1028 条①一
- 法務局における遺言書の保管等に関する法律　　遺保法
- 行政書士法　　　　　　　　　　　　　　　　　行書法
- 不動産登記法　　　　　　　　　　　　　　　　不登法
- 遺言の方式の準拠法に関する法律　　　　　　　遺言準拠法
- 法の適用に関する通則法　　　　　　　　　　　通則法
- 一般社団法人及び一般財団法人に関する法律　　一般法人
- 相続等により取得した土地所有権の国庫への帰属に関する法律
　　　　　　　　　　　　　　　　　　　相続土地国庫帰属法

判例の表記（凡例）

最高裁判所平成 29 年 4 月 6 日判決　　　　（最判平 29・4・6）

家族信託と商標登録について

　家族信託は、家族信託普及協会で商標登録がなされておりますが、本書は、同協会の了承のもと「家族信託」を使用しています。

行政書士のための相続実務マニュアル

目　　次

第一編　総　論

1章　相続業務の体系と倫理・業際問題································· 12

2章　面談・受任と顧客の獲得······································· 24

3章　報酬の請求と受領··· 30

第二編　相続業務

1章　戸籍蒐集と相続人調査··· 38

2章　相続財産の調査と評価··· 49

3章　具体的相続分の算定
　　　―特別受益、寄与分、相続分の譲渡―························· 56

4章　相続方法の選択
　　　―承認と放棄―··· 63

5章　配偶者居住権の選択と活用····································· 74

6章　遺産分割協議の進め方
　　　―調整と提案―··· 81

7章　遺産分割協議書の作成··· 89

8章　預貯金・株式の承継手続······································· 99

9章　不動産の承継手続
　　　―登記申請サポートと相続登記の義務化―···················· 111

10章　相続土地の国庫帰属制度······································ 117

第三編　遺言業務

1章　遺言の基礎知識··· 124

2章　共同相続による権利承継と対抗要件
　　　―特定財産承継遺言への対応―······························· 132

3章　自筆証書遺言の作成支援
　　　―自筆証書遺言の保管制度の活用―··························· 136

4章　公正証書遺言の作成支援······································· 146

5章　遺言執行者の職務と権限······································· 150

6章 遺留分制度の見直し
　　　―金銭債権化― ………………………………………………………… 159
7章 渉外遺言
　　　―在日外国人が日本でする遺言― ………………………………… 165

第四編　家族信託
1章 家族信託とは …………………………………………………………… 172
2章 家族信託の考え方 ……………………………………………………… 175
3章 遺言、任意後見との比較 …………………………………………… 177
4章 行政書士の役割と業務の流れ ……………………………………… 179
5章 行政書士業務に適した活用事例 …………………………………… 181
6章 家族信託口座の開設 …………………………………………………… 183
7章 家族信託口座の内容 …………………………………………………… 185
8章 信託契約と公正証書の作成 ………………………………………… 187
9章 信託行為と遺留分 ……………………………………………………… 188

第五編　遺産分割と税金
1章 相続税 ……………………………………………………………………… 190
2章 所得税と確定申告 ……………………………………………………… 194

第六編　資料（文例）
1　業務委任契約書 …………………………………………………………… 200
2　署名・捺印を依頼する文書 …………………………………………… 203
3　委任状（銀行宛1） ……………………………………………………… 206
4　委任状（銀行宛2） ……………………………………………………… 208
5　委任状（ゆうちょ銀行宛3） ………………………………………… 210
6　委任状（証券会社宛4） ………………………………………………… 212
7　委任状
　　　―法定相続情報一覧図写しの交付申請― ……………………… 214
8　相続分譲渡証書 …………………………………………………………… 216
9　遺産分割協議書
　　　―基本的文例― …………………………………………………………… 218
10　遺産分割協議証明書

	―代償分割―	220
11	遺産分割協議書	
	―換価分割―	222
12	遺産分割協議書	
	―配偶者居住権の取得―	224
13	遺産分割協議書	
	―数次相続―	226
14	自筆証書遺言	
	―基本的文例―	228
15	遺言による配偶者居住権の設定	231
16	遺言による生命保険金受取人の変更	
	―事業承継と遺留分対策―	233
17	遺言による推定相続人の廃除	
	―遺留分対策―	235
18	遺言執行者就任通知書	236
19	遺言執行者からの委任状	238
20	遺言執行者から銀行に対する通知分	240
21	遺留分侵害額請求通知書	242
22	遺留分侵害額請求と合意書	244
23	遺言執行者による相続登記申請書	246

コラム

1	贈与契約と落とし穴	15
2	法的紛議が「ほぼ不可避」の事案とは	22
3	倫理研修の盲点	22
4	身近にある「聴く力」の鍛錬法	27
5	見積額の算定は超難問	27
6	早起きは三文の徳	29
7	家庭裁判所への報酬請求	34
8	楽しい戸籍の学び方	45

9	転養子（養親子の二股状態）とは…………………………	45
10	法定相続情報証明制度の最大の効用とは………………	48
11	独居老人の死と財産調査………………………………	54
12	見知らぬ人が協議の場に………………………………	62
13	覚悟がいる限定承認の選択…………………………	66
14	突然の相続…………………………………………	72
15	初心者が陥りやすい失敗事例………………………	87
16	遺産分割協議「証明書」の活用…………………………	98
17	相続人は反社会的集団の関係者か……………………	98
18	店舗の選択…………………………………………	106
19	能登半島地震と被災家屋の解体……………………	116
20	相続と川柳…………………………………………	120
21	遺言騒動あれこれ……………………………………	130

- 若、貴騒動…………………………………………… 130
- 「一澤帆布工業」事件……………………………… 130
- 紀州のドン・ファン騒動………………………… 131
- 小林一茶と骨肉の争い…………………………… 131

22	遺言書の作成と切り出し方…………………………	140
23	初めての自筆証書遺言の保管申請…………………	145
24	打ち合わせと異なる方向へ…………………………	149
25	業務が広がる・夢がかなう…………………………	158
26	遺言と川柳…………………………………………	170

実務のポイント一覧

1	着手金の請求について…………………………………	31
2	戸籍（除）謄本の連続性とチェック方法………………	43
3	戸籍（除）謄本と有効期限…………………………	43
4	直系尊属と戸籍蒐集の範囲…………………………	44
5	同時死亡と相続人の確定……………………………	44
6	一覧図と死亡した配偶者の記載の有無………………	48

7	形見分けと単純承認	64
8	全員の相続放棄とその後の手続	72
9	遺言による配偶者居住権の設定	75
10	高齢者施設への入所対策	78
11	説得の功罪	83
12	換価分割と代償分割の選択の目安	86
13	遺言から分割協議への方向転換	87
14	署名（手書き）の諸問題	92
15	署名・捺印と一括依頼	97
16	遺産整理受任者とは	106
17	遺言書の存在が不利益に働く事案	110
18	生活保護受給者への対応	110
19	行政書士による作成代行と不服申立の代理	118
20	最後の社会貢献 ―遺贈寄付―	130
21	自筆証書遺言の保管制度と注意点	144
22	最後の念押し	148
23	寝た子を起こすか？通知義務	154
24	寄与分は、遺留分算定の財産価格に含まれない。	160
25	受託者規制	180
26	公正証書の作成は案文確定後に	184
27	預金債権と信託	184

実務に役立つ重要判例一覧

1	弁護士法 72 条の成立要件 ―いわゆる「事件性」の要否―	18
2	行政書士が関与した報酬請求事件	19
3	家系図作成と職務上請求書の行使	41
4	金銭の遺産分割前の支払請求の可否	51
5	遺産から生ずる賃料の帰属	53

6	預金取引記録開示請求事件	54
7	生命保険金と特別受益性	57
8	相続放棄と熟慮期間の起算点	69
9	遺産建物の相続開始後の使用関係	79
10	持ち回りによる遺産分割協議の成否	84
11	遠隔地に居住する相続人間の遺産分割協議	84
12	慰謝料請求権の相続性	91
13	預貯金債権と遺産分割の対象	99
14	遺産分割と登記	111
15	遺言の解釈	125
16	「相続させる」旨の遺言の解釈	126
17	他人の添え手による遺言の効力	137
18	相続債務がある場合の遺留分侵害額	164
19	譲渡所得税と取得費 ―代償金は、取得費に該当するか―	196

第 一 編

総 論

1章
相続業務の体系と倫理・業際問題

第1節　相続業務の体系

　相続業務は、遺言業務と遺産整理業務（相続手続業務）の二つに大別される。遺言書が存在する事案では遺言書の有効性とその執行が問題となり、存在しない場合には遺産整理業務（相続手続業務）の問題となる。

　周辺業務に任意後見契約、死後事務委任契約、贈与契約、相続土地国庫帰属制度の承認申請等に関する業務が存在する。さらに相続法の枠組みとは異にするが、家族のための遺産の管理と承継を目的とする家族信託が存在する。

相続業務

1、遺産整理業務（相続手続業務）
①相談業務
②相続人調査と相続関係説明図の作成
③法定相続情報一覧図の作成と写しの交付申請
④相続財産調査と財産目録の作成
⑤遺産分割協議と合意案の取りまとめ
⑥遺産分割協議書の作成
⑦署名・捺印の取得代行
⑧預貯金の払戻手続、株式の移管手続等
⑨登記申請、相続税申請の支援（司法書士、税理士との橋渡し）

2、遺言業務
①相談業務
②自筆証書遺言の原案作成と指導
③自筆証書遺言の保管申請支援

④公正証書遺言の作成支援（公証役場との橋渡し）
⑤遺言の執行手続

周辺業務

1、任意後見契約

　　任意後見契約とは、将来認知症等になったときに、自分の代わりに療養・看護や財産管理をしてくれる人を、事前に決め将来に備える契約である。任意後見人になることを引き受けた人（任意後見受任者）や親族等が、委任者の判断能力低下後に、家庭裁判所に後見監督人の選任を申立て、選任されると契約の効力が生まれる。本人が信頼できる人を事前に任意後見人として決めておくことができるので、自己決定権の尊重という観点からもすぐれた制度である。また予防法務という側面からも利用促進に力を入れるべきある。

2、死後事務委任契約

（1）死後事務委任契約とは

　　委任者（本人）が第三者に対し、亡くなった後の諸手続き、葬儀、納骨、埋葬に関する事務等についての代理権を付与して死後事務を委任する契約を言う。死後事務委任契約は、死亡後に効力が生ずるため、相続人と利害が対立し契約成立の有無をめぐる争いの可能性もあるので、公正証書による方法が望ましい（死後事務委任契約公正証書）。

（2）実務上の問題点は

　　必要とされる費用をどのような方式で確保・管理するかである。
　　預託金方式が一般的であるが、法人のみならず個人専門職でも預託金を分別管理することが強く要請される。少なくとも受任者名義の銀行口座管理ではなく、預り金名義の銀行口座で管理しなければならない。ちなみにある団体では、受任者が先に死亡した場合の相続財産との関係から、受任者名義での預託金の管理を禁止事項としている。

3、贈与契約（民 549 条）

　　依頼者の中には、遺言による死後の遺産分割ではなく、贈与契約を利用することにより、生前に自己が形成した財産の帰属を見届けたいとか、子や孫の喜ぶ顔を目にしたいとか、相続税対策を練っておきたいとの人も多い。それらの人々をサポートするためには、契約書作成の知識のみではなく、贈与税の理解も必要である。相続税の申告手続きは税理士の専門分野であるが、暦年贈与の概要、名義預金と判定のポイント、相続時精算課税制度の功罪、定期金給付契約等の理解は、相続手続を専門とする行政書士には必須事項である。

（1）暦年贈与の内容

　　暦年贈与とは、1 月 1 日から 12 月 31 日の間に受けた贈与が 110 万円まで贈与税が課税されないため、110 万円の贈与を繰り返して行うことで資産を減少させ、相続税の課税対象額を少なくすることができる。ただし、相続開始前 3 年間に贈与した財産は、相続財産に加算される。生前贈与加算（相続財産の持ち戻し）という。

（2）暦年贈与と加算期間の延長

　　法改正により令和 6 年（2024 年）1 月 1 日以降の生前贈与の持ち戻し期間は「7 年」に変更される。

①令和 5 年（2023 年）12 月 31 日まで行われていた生前贈与については、今までの「3 年ルール」が適用される。

②「7 年ルール」が適用されるのは、令和 6 年（2024 年）1 月 1 日以降の生前贈与であり、令和 9 年（2027 年）以降に亡くなられた場合に、生前贈与の持ち戻し対象となる。

（3）名義預金の注意点

　　名義預金とは、名義人と真実の所有者とが異なる預金を言うが、原則として毎年贈与契約を結び、預金と通帳の管理を名義人に任せることが必要である。要は贈与の意思の合致と管理処分権限の移転が証明できることである。税務調査で一般の家庭で最も多い調査項目が、この家族名義の預金といわれている。

(4) 相続時精算課税制度のメリット

　相続時精算課税制度のメリットとしては、贈与税の支払いを抑えられること、非課税枠が 2,500 万円であること、贈与時の価格で相続時に戻されるため、価格上昇が見込まれる財産を贈与すると相続税の対策につながる。令和 6 年（2024 年）1 月から相続時精算課税に年間 110 万円の基礎控除が新設され、基礎控除範囲内の贈与であれば、相続財産に加算する必要がなくなった。

(5) 定期金に関する贈与

　各年の贈与財産の合計額が 110 万円以下の場合には、贈与税は課税されないが、「10 年間にわたって毎年 100 万円ずつ贈与する」と約束した場合には、約束したときに定期金に関する権利（10 年間にわたり毎年 100 万円ずつ受け取る権利）の贈与を受けた者として、贈与税がかかる可能性がある。

コラム　贈与契約と落とし穴

　近隣の一人暮らしの男性が、将来の相続税対策と子供間の相続紛争を避ける目的で、居住している戸建住宅を長男に生前贈与した。ところが 1 年を経過した頃、突然長男から「近いうちにマンションを購入したいのだが、資金不足なので贈与された住宅を売却したい。早々に退去してくれ」との電話を受けた。不足分の金銭を贈与して、当面の住まいだけは確保できたが、まさに青天の霹靂であったと筆者に話してくれた。居住している住宅や多額の金銭贈与は、住まいも失い、老後の資金不足にもつながりかねない。まさに「事実は小説より奇なり」である。

4、死因贈与契約（民 554 条）

　死因贈与契約の理解のためには、遺贈との比較、死因贈与のメリットとデメリットを頭に入れておいてほしい。受贈者は事前に財産の分割方法を明らかにすることができるので安心感があるし、負担を付することもできるので使い勝手が良い。また遺言による財産

移転は、後の遺言や遺産分割協議で効力を失われることもあるが、死因贈与契約は確実に財産が移転される等のメリットがある。

5、相続土地国庫帰属制度の承認申請

　相続土地を手放して国庫に帰属させることを可能とする制度が、令和5年（2023年）4月27日に施行された。承継帰属とは別の、国の法律による帰属であるが、相続した土地の帰属であるので、便宜上ここに位置図けることにする。行政書士は、弁護士、司法書士と並んで承認申請の代行が認められている。

家族信託

　信託とは、信託設定者（委託者）が信託契約や遺言によって、その信頼できる人（受託者）に対して、土地や金銭などの財産を移転し、受託者において委託者が設定した信託の目的に従って、信託の利益を受ける者（受益者）のために、その財産の管理または処分などをする制度である。信託には、信託銀行等の営利を目的として行っている商事信託と営利を目的としない民事信託がある。民事信託の中で家族や親族の生活を支援する信託が家族信託である。相続法の枠組みとは異なるが、遺産の承継に着目してここに位置付けた（筆者）。

第2節　行政書士の役割と心構え

1、 行政書士は、相続人全員の調整役に徹することが重要である。相続人全員の調整役の立場で、各相続人の事情を考慮しながら譲歩を引き出し、解決案を提案して合意に導くことが役割である。ともすれば依頼者に肩入れしがちであるが、相続人全員の代理人であることを常に念頭において業務を進めることが大切である。また紛争勃発の芽を摘み取り、相続人間の争いを事前に防ぐことも予防法務を役割とする行政書士の務めである。

2、 弁護士が、依頼者と他の相続人を対立当事者と捉えて、依頼者のために交渉を進めていくのとは大いに異なることを、意識すべきである。

第3節　行政書士と倫理

1、嘘をつかない。

失敗は許されることもあるが、嘘は許されない。遺産分割協議の途中で嘘をつくと、その後も嘘の上塗りを繰り返し、取り返しのつかないことになり、やがては信用を喪失する。ときには依頼者から「預金総額を他の相続人には内緒にしてほしい」と頼まれることもあるが、相続人から聞かれたら正直に答えるべきである。これが後に信用に繋がることになる。

2、虚偽文書を作らない。

委任状、相続分なきことの証明書、職務上請求書、内容証明郵便等（私文書偽造罪、公正証書原本不実記載罪、公文書偽造罪等刑事犯に該当する可能性がある）。

3、金銭管理・文書管理に注意する。

預かり金口座に入金された金銭の個人的借用は、少額でも短期間でも禁止である（注）。また領収書、預かり証、受領証を必ず交付する習慣をつけることも大切である。戸籍（除）謄本、契約書等個人情報が多いので文書管理にも気を付ける。（注）

（注）金融機関からの払戻金等の一時保管金は、預り金の専用口座を作りその口座で管理する。

4、その他

業務上取り扱った事項についての守秘義務、依頼者との仕事外での密な付き合い、金銭の貸し借り、セクハラ的言動は禁止である。過度な業務の勧誘等にも気を付ける。

第4節　弁護士法72条と業際問題

1、弁護士の独占業務は、紛争性のあるものに限定される。

弁護士法72条は、全ての法律事務ではなく、紛争性のある法律事務を法律事件として独占している。（注）

（注）法的紛争事件とは、権利義務や事実関係に関して当事者間に

法的主張の対立があり、制度的に訴訟などの法的紛争解決を必要
とする案件のことである。(『行政書士法コンメンタール　新 10
版』北樹出版 2019 年 p54)

2、行政書士と業務範囲

(1) 法律知識や法律解釈の教示・提供も、紛争性のないものは、報
酬を得て業として行っても、弁護士法 72 条違反にはならない。

(2) 調停や審判の申し立てがあれば、法的紛争が表面化した法律事
件として行政書士は介入できず、弁護士に委ねる必要がある。

(3) 調停申立以前の相続人間での憎しみ合い、罵り合い、いがみ合
い等の状況は、一時的な単なる感情レベルでの争いであることも
多く、当事者間に法的主張の対立があり、訴訟などの法的紛争解
決を必要とする案件とは直ちに言い難い。一線を越えるか否か
は、案件を具体的総合的に精査して、国民の権利利益の実現に資
するか否か、社会の円滑・安定的な生活に役立つか否か等をメル
クマールとして、判例等を参考に各自が判断することになる。

重要判例 1 　弁護士法 72 条の成立要件―いわゆる「事件性」の要否
―最判平 22・7・20 第一小法廷決定

(事　案)

弁護士資格がない者が、所有者から委託を受けて、そのビルの賃借
人らと交渉して賃貸借契約を合意解除したうえで各室を明け渡させ
るなどの業務を行った行為について、弁護士法 72 条が成立すると
された事例

(判　旨)

弁護士資格等がない者らが、ビルの所有者から委託を受けて、その
ビルの賃借人らと交渉して賃貸借契約を合意解除したうえで各室を
明け渡させるなどの業務を行った行為については、その業務が、立
ち退き合意等をめぐって交渉において解決しなければならない「法
的紛議」が生ずることが「ほぼ不可避」である案件に係るもので
あって、弁護士法 72 条にいう「その他の一般の法律事件」に関す

るものというべきであり、その際、賃借人らに不安や不快を与える
ような振る舞いをしていたなどの本件における具体的事情の下で
は、同条違反の罪が成立する。（下線は筆者）

重要判例2 行政書士が関与した報酬請求事件　東京地判平5・4・
22判決
（事　案）Yは、遺産である不動産をYの単独名義にすべく行政書士
　　Xに依頼した。行政書士Xは、Y以外の相続人から遺産の持分を買
　　い集めたとしてYに対して報酬を請求したというのが本訴である。
（原告の主張）
　　原告（X）は行政書士である。被告（Y）は原告（X）に対して、亡
　　Aの19人の相続人に対し2回にわたり相続により取得した遺産の
　　持分を被告が買い取る事務の代行を依頼し、原告はこれを引き受け
　　た。原告の事務の遂行は、各相続人が各地に居住し、これらの相続
　　人と被告が疎遠であったこともあって手間がかかったが、買い取る
　　事務を完了した。そこで事務の遂行に対する報酬等として99万
　　7040円を請求した。
（判　旨）
　　・相続財産や相続人の調査、相続分なきことの証明書や遺産分割の
　　　書類の作成、書類の作成あたって他の相続人に内容を説明し意向
　　　を伝えることは、業務の範囲内である。→　一部認容
　　・遺産分割についての被告の意向を了承せず、遺産分割について紛
　　　争が生じ争訟性を帯びてきたにも関わらず他の相続人と折衝する
　　　のは、業務の範囲外である。　→　一部棄却　（注）
　　（注）兼子仁東京都立大学名誉教授は、その著作において下記のよ
　　　うに論述したうえで、上記判例を同旨として引用している。
　　　遺産分割協議においても、相続人間に調停・訴訟の因をなす紛争
　　　状態にあれば行政書士は代理介入できないが、助言説得をふくめ
　　　て相続人間の合意形成をリードし、分割協議をまとめる代理行為
　　　は合法であって、そうした場合、両当事者や複数当事者の代理を

第一編　総　論　　19

務めて契約書・協議書を作成することも民法108条の双方代理禁止に触れないものと解されよう。(『行政書士法コンメンタール新10版』北樹出版2019年p51)

第5節　内容証明郵便の代理送付

1、内容証明郵便の代理送付の可否は文書の内容による。

①行政書士が、内容証明郵便の代理送付で貸した金を返済せよと通知したら、借りていない、または借りたけれども返済した又は時効にかかっている等の反論があったとき、再度、返せと通知することは可能か？

②内容証明郵便で遺留分侵害額の請求をしたら、その金額に納得がいかないとの反論があったとき、再度、遺留分侵害額の請求ができるか？

2、調停の申立てをしたとか、そのための書面を作成中等の明確な事実があれば退却すべきであるが、単なる反論の文書、メール、電話等を受けただけでは、法的紛議が生ずることがほぼ不可避の事案とはいえず、説得を含めて適切な別案を提案して、再度話し合い、合意案を探るべきである。講学上や机上の議論ではなく、実務家としては、諸事情を総合的に把握して、法的紛議が「ほぼ不可避」であるか否かを上記判例等を参考にしながら、自己の信念と覚悟に基づいて判断することになる。

第6節　相談業務と法規相談

　行政書士の相談業務とは、あくまでも「行政書士が作成することができる書類」の「作成」に対してのものであって、「作成」を伴わない単なる相談については応ずることはできないとの見解もある。行書法第1条の3①四号の定める法定業務の解釈としてはその通りである。

　しかし、事件性のない法律事務も存在するのであり、その解決の方向を示唆する等の相談に応ずることはできると解する。また法務省や国税庁等の関係機関が、ホームページやパンフレットで一般に公開している

内容の解説や案内程度は、法定外業務または周辺業務として許容されると考える。国民の利便に資し、もって国民の権利利益の実現に資するとの目的規定（行書法１条）からも、そう解せざるをえない。（注）

（注）兼子仁東京都立大学名誉教授は、その著作において下記のように論述されている。

行政書士が、街の法律家として、各種法規相談・法的しくみ相談に応ずることは、社会的期待が今後増していくと見られる。そしてそれは、書類作成に附帯する限りでは本号（第１条の３①四号）に基づく法定業務であるが、それを超えた法規相談・法制相談も法定外業務として合法であると解され、それだけ行政書士には、公私法（行政法規と民事法規）にわたる法制研修が求められるわけである。（『行政書士法コンメンタール　新10版』北樹出版 2019 年 p51）

第７節　財産管理業務および成年後見等業務

1、法的証拠の曖昧さ

いわゆる財産管理業務および成年後見等業務について、従来も実務の現場では、個人の立場でこれらの業務を行ってきたが、各自治体や金融機関、家庭裁判所等から根拠が不明確であるとの指摘を受けることが度々あった。そこで、日本行政書士連合会会長から、総務省自治行政局行政課長宛に「いわゆる財産管理業務や成年後見人等として行う業務は、従来から行政書士または行政書士法人の業務に附帯し、または密接に関連する業務に該当し、行政書士または行政書士法人が行うことができる業務である」旨を周知していただきたいとの依頼がされた。

2、総務省から関係機関へ発出

それに対し、令和５年（2023 年）３月 13 日に総務省自治行政局行政課長より行政書士は業として財産管理業務および成年後見等業務を行うことができる旨の通知が、各都道府県、全国銀行協会、全国信用金庫等に発出された。

3、発出内容

　行政書士は、業として財産管理業務および成年後見等業務を行うことができる。財産管理業務および成年後見等業務は、行政書士の業務に附帯し、または密接に関連する業務に該当する。

①財産管理業とは

　民法等の規定に基づき、当事者その他関係人の依頼または官公署の委嘱により、管財人、管理人その他これらに類する地位に就き、他人の事業の経営、他人の財産管理・処分を行う業務またはこれらの業務を行う者を、代理・補佐する業務とされている。

②成年後見等業務とは

　民法等の規定に基づき、当事者その他関係人の依頼または官公署の委嘱により、後見人、保佐人、補助人、監督委員その他これらに類する地位に就き、他人の法律行為について、代理・同意・取消しを行う業務またはこれらの業務を行う者を監督する業務

コラム **法的紛議が「ほぼ不可避」の事案とは**

　ある日初老の男Ａが、戸籍の束と銀行通帳7冊を風呂敷に包んで訪ねてきた。姉Ｂが、がんを患い数年間病床に伏していたが先月死亡したので預金を払い戻して欲しいとの依頼であった。戸籍を見ると姉Ｂには子がなくＡと死亡日3日前に養子縁組をした記載があった。さらに聞き取るとＡは他の3兄弟との付き合いもほとんどなく、縁組についても単独で行い、Ｂとの同居生活も半年に過ぎなかった。養子縁組の目的が、遺産の独り占めであることが明白であり、将来他の兄弟と法的紛議が生ずることがほぼ不可避であると判断して依頼を断った（その後、調停に付され、審判で争い、さらに税務調査まで受けたとの風の噂を聞いて、私の判断は正しかったと胸をなで下ろした思い出がある）。

コラム **倫理研修の盲点**

　従来の行政書士会の倫理研修においては、たびたび高松高裁判決（昭

和54・6・11）が取り上げられ、弁護士法72条に違反すると刑罰に課せられるので注意しなさい！　と強調されるのが常であった。また「あれはダメ、これもダメ」と否定的な意見のみが強調され、特に新人の行政書士達からは、何のために難しい試験に挑戦したかわからないとの感想をたびたび耳にした。本件高松高裁判決は、司法過疎地で、一人の司法書士が一般大衆のために市井の法律家としての役割を担っていた事情や、長期間にわたって広範囲の業務を遂行していたという事実が背景にあったにも関わらず、「弁護士法72条に違反すると刑罰に課せられるので注意しなさい」と判旨の一部のみが強調され、受講者を委縮させてきた実態がある。背景や事実を知らないことは恐ろしいことである。『知れば怖くない弁護士法72条の正体』吉岡翔　彩流社2008年発行の本が参考になる。

2章
面談・受任と顧客の獲得

　相続業務は、電話、メール等での問合せ等から始まり、面談そして受任へと進むのが一般的な流れである。

第1節　問合せ対応

　電話等による問合せの段階では、一般的な説明にとどめ、深入りしないことが賢明である。先ずは会うことを優先する。

1、聞き取り事項

　・名前、住所、電話番号
　・相談内容の概略（遺言書作成、相続手続きか、その他等）
　・問合せの契機（紹介、ホームページ、広告等）

2、面談日時と場所の設定

　高齢者からの依頼が多い相続業務では、依頼者宅への訪問対応も可能であることを付け加える。

3、持参資料の指示

　・手許にある資料（戸籍謄本、遺言書、固定資産通知書等）。
　・相談内容の「メモ」（注）
　（注）その他の必要書類は、面談時に指示すればよい。

第2節　面　談　（情報収集）

1、行政書士側が用意すべきもの

　・受付票
　　日時、氏名と住所、連絡先、相談内容の概略等をメモする。
　・相続人関係図
　　空欄の相続人関係図を利用することにより、容易に被相続人と相続人間の親族関係を把握できる。
　・自己紹介用資料

出身地、学校、趣味（本、ペット、好きなスポーツ）等の話題で
面談者との距離を近づけることができる。

2、聞き取り事項について

①被相続人について

- ・被相続人の最後の住所
  後日、最後の住所地をもとに、住民票の除票を取得して本籍地
  を確認する。
- ・一番信頼していた相続人は誰か
- ・疎遠で付き合いのない相続人は誰か
- ・生前の経済状況、同居人や介護の有無等
- ・遺言書の存否と保管状況
- ・遺産の種類、預金通帳の保管者、不動産の使用者・管理者、債
  務の有無等

②相続人について

- ・住所情報
- ・相続人間の距離感、親密度の度合い、付き合いの程度
- ・各相続人の各種情報
  職業経歴、家族構成、経済的状況等
- ・生前贈与、特別受益、寄与分の有無等
- ・認知症患者、未成年者、所在不明者、海外在住者がいるか

③遺産分割の要望等
　遺産分割の方法について、法定相続分の可否を含めて具体的な要
望を聞き取る。後日、遺産分割協議の際に参考になる。

④代表相続人の就任等（注）
　代表相続人にふさわしい方を推薦してもらう。面談者（依頼者）
が信用できる相続人であれば、その方に就任していただく。

（注）代表相続人とは、相続人の中で意思決定や問題解決の要とな
　　る人物をいう。今後は、代表相続人を通じて相続手続きを進める
　　ことになるので重要である。

第一編　総　論　　25

3、解決方針の説明

①法律に縛られない柔軟な話し合いによる円満解決を目指すこと。調停や審判で争っても時間・費用を要し、さらに多くの精神的なストレスがかかること。将来、親族間に多くの亀裂と禍根を残すだけであること等を説明する。

②法的紛争になっている案件又は法的紛争が勃発寸前の案件は扱うことはできないこと、調停に付されたら辞任することを説明する。

4、完結予定時期

完結予定時期を伝える。

5、見積額（概算）を提示する。

6、必要書類のメモを渡す。

7、連絡方法を確認する。

固定電話、携帯電話、各種メールをメモしておく。電話であれば都合の良い時間帯（午前・午後・夜間）まで聞いておく。携帯番号を聞いておくとSM（ショートメール）が利用でき便利である。

第3節　進め方が激変する重要事項

下記事項については、その存否により進め方に大きな違いが生ずるので特に注意して聞き取る必要がある。

1、遺言書が有るか

・有→遺言執行手続きへ

（自筆証書遺言の場合には、検認手続きが必要となる）。

・無→遺産整理手続きへ

2、認知症の相続人がいるか（後見人選任申立ての可能性がある）。

3、多額の借金があるか（3か月内に相続放棄又は限定承認の申立ての可能性がある）。

4、相続税の基礎控除額を超えるか（超える場合には10か月内に遺産分割協議を成立させる必要がある）。

5、生前贈与や寄与分があるか（遺産分割の内容に違いが出る可能性がある）。

6、相続人に未成年者がいるか（特別代理人の選任申立て手続きが必要となる可能性がある）。

第4節　業務委任契約の締結

　一般的に業務完結期間、各種費用の負担者、委任者と受任者の責務等を定めるが、面談者（依頼者）とは、報酬に関する事項を明確にしておくことが後々の揉め事をなくすために最重要である。報酬額算定の基準、不動産についての評価基準、中断した場合の清算の方法等である。相続人全員と取り交わすのが理想ではあるが、信頼できる依頼者（または代表相続人）と取り交わすことができれば、後のトラブルはほぼ避けることができる。

コラム　身近にある「聴く力」の鍛錬法

　面談に臨んでは、依頼者からいかに多くの情報を聞き出すことができるかが勝負であるが、その能力は一朝一夕で身に付けられるものではない。開業前に地元の話し方サークルに3年ほど通ったが、ある時講師に「聴く力を早く身に着ける方法はありますか」とお聞きしたら、即座に「奥さんの愚痴話をうん、うんと頷きながら忍耐強く聞いてやることだよ」との答えが返って来た。以来実行するように努めているが、確かに効果はあるように感じている。根気よく最後まで耳を傾けた晩には、奥さんは笑顔となり晩酌の肴も2、3品増えること確実である。

コラム　見積額の算定は超難問

　相続手続を一括して受託する案件では、依頼時に納得が得られる透明性のある見積額を提示することは、ほぼ不可能である。依頼された時点では、戸籍の蒐集や財産調査も進んでおらず、相続人数や遺産の種類・総額、金融機関の数、寄与分の程度、特別受益の有無等も不明である。正確な見積額を算定しようがないのが実情であるが、それでも費用がどれ位かかるかは依頼者側の最大の関心ごとである。この両者のギャップ

第一編　総　論　　27

に、いかに対応するかは常に頭を悩ます課題である。私は、相続人調査と財産調査が終了するまでは、正確な見積額の提示は待っていただいているが、強いて答えるとすれば「遺産総額の○○％です。最低額は○○万円です。内容により多少変動することがあります。」と答えることにしている。これが正直な気持ちである。

第5節　顧客の獲得

　弁護士等他の士業者と比較すると、行政書士は、業務範囲が広い割に知名度が低く、業務の獲得に大変苦労する。顧客をいかにして継続的に獲得するかは、開業したての行政書士はもちろんのこと、経験豊富な行政書士でも常に頭を悩ます大問題である。残念ながらこれについての即効的な妙薬は見当たらない。恥ずかしながら筆者が体験した方策を開示するので、各自が知恵を絞り地道にコツコツと経験を積み重ねて身に付けてほしい。

1、無料相談会の開催

　　開業時に、地元駅前で貸教室を借りて月2回無料相談会を開催した。当初は一人の相談者も訪れることがなかったが、時を経るごとにしだいに一人二人と訪れるようになった。最初の訪問者は、泥のついた大きな大根を片手に訪れた大家の女性で、家賃滞納に対する督促の相談であった。その後少しずつ訪問者が増え、具体的な案件も徐々に依頼されるようになった。

2、ホームページの開設

　　ホームページからの問合せは、報酬・費用に関する内容が多く、業務受託にはつながらない場合が多く、効果は限定的であった。

3、同窓会、県人会、退職者会・町会行事等への参加

　　業務の獲得を前面に出すことなく、裏方や世話役を引き受けながら人脈を広げ、折に触れて行政書士業務の内容をPRしていくと、時間はかかるが業務の依頼は、確実に増えてくる。

4、郵便局での有料広告の利用

　　仕事が途切れた際に助けてくれたのは、地元郵便局での有料広告

（ポスターの掲示）であった。郵便局は、地元密着で安心感もあり、また高齢者の利用が多いので効果抜群でお勧めである。

5、新聞販売店の PR 広告

　筆者の居住していた地元の新聞販売店が、月１回のチラシ広告を出してくれている。長く続けていると地元住民が、相続業務は行政書士○○○○だと認知してくれるようになる。あるときには、依頼者が財布の奥から大切にしまっていた私の広告部分の切り抜きを「これがあると安心です」と取り出して見せてくれたこともあった。

6、顧客からの紹介

　結果を出し依頼者から信用されると、その依頼者がさらに親族や知人を紹介してくれるようになる。これが続くと業務が安定する。顧客を大切にする意識を持ち、電話等の相談にも気軽に応じることが次につながることにもなる。

7、専門分野の確立

　専門分野を確立していないと、自信をもって自己を PR し、成果を出し、報酬を請求することはできない。ある先輩行政書士が、名刺に３つ以上の業種を記載している行政書士は、自分の大切なお客に紹介できないと強調していた。筆者は相続分野以外の依頼があった場合には、他の士業者等を紹介することにしているが、そのかわり相続業務については、私に依頼してくれるようになる。

コラム　**早起きは三文の徳**

　私の旧知の行政書士は、早朝に、自宅近くの公園でラジオ体操を主宰し、自身と地元住民の健康維持につとめていた。自分が行政書士であることは特段口外していなかったが、徐々に周知され、コロナ禍には多くの相続業務を依頼されるようになり、一人では手に負えず筆者にまで紹介してくれるようになった。健康は維持される、仕事は依頼される、まさに早起きは三文の徳である。何事も真面目にコツコツと人の役に立つ事をしていれば、自然と仕事の輪は広がっていくものである。

第一編　総　論　29

3章
報酬の請求と受領

第1節　はじめに

　手間・暇かけた相続業務が完了し、肩の荷が下りて、ほっとしたのもつかの間、依頼者に報酬額を納得してもらえずトラブルが生ずると、実に後味が悪い。依頼者は、会社経営者、個人事業者、サラリーマン、年金生活者、生活保護受給者、パート従事者等色々であり、報酬に対する考え、感覚、思いが全く異なる。また遺産が不動産のみで預貯金のない人もいる。結局、各自が費やした時間、業務の難易度・複雑さ、遺産内容等を総合的に考慮して報酬額を算出し、丁寧に説明し納得していただく他はない。プロとして商品を売るのであるから安売りはすべきでないし、報酬額を下げれば解決するというものでもない。ときには実費程度の報酬しか頂けない場合もあるが、その際は貴重な実務経験を積んだことが、報酬の一部であると前向きに考えることにしている。(注)

　（注）行政書士報酬は、行政書士法改正により報酬規程が廃止となり、自由設定方式になった（平成12年（2000年）4月施行）。

第2節　報酬の種類

　報酬はいわゆる報酬と、実費とに区分できる。

1、報　酬

　①着手金　成功・不成功にかかわらず、手続きを進めるために着手時に支払ういわばファイトマネーのこと。

　②報酬金　終了したときに結果の程度に応じて支払う成功報酬のこと。

　③手数料　契約書や遺言などの書類作成、登記手続き等委任事務処理の対価として支払うもの。

　④日当代　事務処理のため事務所所在地を離れ、移動によってその

事件等のために拘束されることに対する対価のこと。

2、実　費
依頼された事件の処理に必要な費用。例えば収入印紙代、定額小為替代、交通費、通信費等で事件の終了の際に清算する。

実務のポイント　着手金の請求について
筆者は、原則として着手金はいただかない主義である。そもそもいまだ何の業務も開始していないのに多額の金額を請求することは気が引けるし、業務開始前から多額の金銭を預かると早期完成へのプレッシャーもかかり心理的負担も多い。また信頼関係を築いたうえで仕事を進めていけば、途中で頓挫したとしても経験上損害を受けることは少ないからでもある。ただし依頼者に信頼がおけない場合や業務の処理が長期間にわたることが予期される場合には、実費程度をお預かりすることにしている。相続業務が、仕事の結果に対して報酬を支払う民法の請負契約の性格を有するものとすれば、業務を始める前に請求する着手金は法的根拠を欠くことにもなる（民632条）。また後日、結果が出ない場合には、着手金をめぐるトラブルが生ずる可能性もある。

第3節　報酬算定方法
下記の3方式が考えられる。
① 遺産総額に一定率を乗じる方式（総額方式）
② 積み上げ方式（個別方式）
戸籍の蒐集、財産調査、遺産分割書の作成、払戻手続きをする銀行の数、各種書類の取り寄せ料等を積み上げる方式
③ 時間原価積算方式
1時間当たりの報酬額をもとにして費やした時間を掛ける方式

第4節　遺産整理業務と算定方法
1、筆者は、基本的には①遺産総額に一定率を乗じる方式（総額方式）

を採用している。相続人が得た経済的利益の移転額を基準としているので明確であり理にも適っているし、依頼者の理解も得やすい。

2、但し相続人が少数で、揉め事もなく手間・暇も特段かからない事案で、遺産総額が多額の場合には、報酬額が多額になり相続人の理解が得られない場合もある。その場合は、遺産額に応じて乗じる率を低減するとか、その他減額要件を探し出し調整する。

3、報酬規程（案）

報酬額表は、目安と考えて、柔軟に対応することである。<u>重要なことは、報酬額表ではなく、依頼者に納得して支払ってもらえるか、次回に再度依頼をいただけるか等が大切である。</u>

参考までに報酬規程（案）を提示する（消費税込み）。要は各自が自己の能力と信念にしたがって「区分金額」と「報酬率」を変更して自分なりの報酬規程を作成することである。

「区分金額」	「報酬率」
3,000 万円以下の部分	2.0 ％
3,000 万円超 6,000 万円以下の部分	1.5 ％
6,000 万円超 9,000 万円以下の部分	1.0 ％
9,000 万円超 1 億円 2,000 以下の部分	0.5 ％

<u>計算事例</u>　遺産総額が、6,000 万円の例

3,000 万円× 2.0 ％（3,000 万円以下の部分）（60 万円）

3,000 万円× 1.50 ％（3,000 万円超 6,000 万円以下の部分）

（45 万円）

<u>条件事項</u>

① ただし 20 万円に満たない場合には、20 万円とする。

② 不動産については、土地・建物とも固定資産評価額証明書の金額による。

③ 債務の額は、減額されない（債務額は控除しないのですか、の質問を受けることもあるので明記する）。

④ 特段の注意と特別の手続きを要する場合には、別途費用を申し受けることがある（相続人に海外居住者がいる、行方不明者

がいる、海外に資産がある、不動産や株式の換価に特段の能力
と注意を要する等）。

⑤ 相続税申告及び準確定申告等に係る税理士報酬、相続登記に
係る登録免許税及び司法書士報酬は、別途依頼者負担となる。

4、この分野でも、戸籍関係書類の取得、法定相続情報一覧図の作成
と写しの交付手続、遺産分割協議書の作成のみの依頼があれば、個
別に算定することになる。

第5節　遺言業務と算定方法

1、遺言作成支援と報酬額（案）

（1）公正証書遺言作成支援業務　　　　13万円から
相談料、文案作成指導料、公証人打ち合わせ料、資料蒐集料等
（2）自筆証書遺言作成支援　　　　　　5万円から
（3）自筆証書遺言＋保管制度申請支援　8万円から

2、遺言執行業務と算定方法

（1）遺言執行者の報酬は、後払いが原則であるが（民1018②、民
648②）、遺言で報酬を定めた場合はそれによる（民1018①但書）。
（2）報酬額の定め方（注）
①遺言執行者に対する報酬は、遺産総額の○％とする。（算定方式
による方法）
②遺言執行者に対する報酬は、金○○万円とする。（定額による方
法）
③遺言執行者の報酬は、遺言執行者と相続人・受遺者の協議で決め
るものとする。（協議による方法）
（注）事後の紛争を避けるためには、遺言書に報酬額または算定方
法を定めておくことが望ましいが、報酬額の定め方によっては、
遺言書作成の意欲が削がれることにもなりかねないので注意が必
要である。

第一編　総　論　　33

第6節　報酬額の掲示義務（法10条の2）

　事務所の見やすい場所に、その業務に関し受ける報酬の額を掲示しなければならない。

第7節　領収書の形式

　日本行政書士連合会の定める基本様式は、公表されている（施行規則10条）が、連合会の定める基本的事項が表示されていれば、自分で作成しても別段問題はないし形式も自由である。正本は依頼人に交付し、副本は、5年間保存しなければならないとされているが「電磁的記録」での保存でもよい。

第8節　印紙税（注）

　個人開業行政書士が発行する領収書には印紙税は課せられない（印紙税法第5条別表1、17号）。ただし行政書士法人は、営利を目的とする企業として課税される。
（注）領収書を渡したところ、なぜ印紙が貼付してないのですかと、質問を受けたことが何度かあるが、即座に根拠を返答できないと不信感を与えることになるので気を付けること。

コラム　家庭裁判所への報酬請求

　遺言書に遺言執行者の報酬額を定めなかった場合には、家庭裁判所に報酬付与審判を求めることができる（民1018条①）。

　ある先輩行政書士が、自分の仕事を客観的に評価してもらいたいとの思いから、家庭裁判所へ報酬請求したら、自己の予想した報酬額よりはるかに多くの額を算出してくれたとの話を聞いたことがある。試してみる価値はあるのではないか。家庭裁判所は、相続財産の状況、執行事務の内容や難易度、実現された成果等の事情を考慮して報酬額付与の審判をするが、行政書士としては、日頃業務の内容と経過を詳細に記載した

メモ等を、残しておくことが大切である。

第 二 編

相続業務

1章
戸籍蒐集と相続人調査

第1節　戸籍蒐集と相続人関係図の作成

1、戸籍蒐集の重要性

　　戸籍とは、日本国民について出生、親子関係、養子関係、婚姻、離婚、死亡等の身分関係を証明するものであるが、相続実務においては、戸籍の蒐集とその見方・読み方の習得は、必要不可欠な最重要課題である。ときには、古い手書きの戸籍（除）謄本に遭遇し、その解読に拡大鏡を片手に格闘することもある。遺産分割協議では、相続人全員の意思の合致が必要であり、1人でも除外してなされたり、たまたは相続人でない者が参加した遺産分割協議は無効となる。そのため被相続人については、出生から死亡までの連続した戸籍（除）謄本が必要となり、相続人については生存確認のため現在戸籍謄本が必要となる。

2、相続人関係図の作成

　　蒐集した戸籍（除）謄本等から法定相続人が確定したら、相続人関係図を作成し相続人に提示する。

3、戸籍の附票と住所調査

　　相続人の住所が不明の場合には、戸籍の附票の交付を受けることにより行うが、あくまでも住民票上であって、現実の住所、居所については聞き取り調査や現地調査などによるしかない。

第2節　戸籍（除）謄本等の広域交付制度

1、令和6年（2024）3月1日から戸籍法の一部を改正する法律が施行され、必要とする戸籍（除）謄本が全国各地にあったとしても、最寄りの市町村の窓口1カ所で請求できるようになった。

2、広域交付制度の主な内容

（1）亡くなった方の戸籍（除）謄本等を請求できるのは、亡くなった方の直系血族と配偶者のみである。亡くなった方の傍系血族は請求できない。

（2）窓口での本人による取得に限定される。

・郵送による取得はできない。

・委任状による代理請求はできない。

・行政書士による職務上請求書を利用した取得はできない。

3、広域交付制度開始以降の実務手順

①依頼者が、亡くなった方の直系血族又は配偶者であれば、自ら最寄りの市町村窓口で、亡くなった方の全ての戸籍（除）謄本等を直接請求していただく。

②行政書士は、不足している傍系血族の戸籍（除）謄本等を、職務上請求書で各市町村に郵送で請求する。

①と②により、亡くなった方の出生から死亡するまでの連続した戸籍（除）謄本を揃える。（注）

（注）コンピュータ化されていない一部の戸籍（除）謄本・改製原戸籍は除かれる。戸籍の附票は、広域交付制度の対象外である。

第3節　職務上請求書の活用

戸籍蒐集は、委任状を利用してすることもできるが、行政書士には職務上請求書の使用が認められているので、それを活用するのが効率的である（戸籍法10条の2、住民基本台帳法12条の3）。

1、職務上請求書と請求方法

直接市町村の窓口に出向く場合と、郵送による場合があるが、郵送による場合には下記に気を付ける。

①記入漏れに注意する。

依頼者の氏名欄、提出先欄、登録番号欄等記入漏れに注意する。

②速達を利用する（時は金なりであり、市町村の職員も処理を急いでくれる）。

第二編　相続業務

③定額小為替を余分に入れる（450円1枚、750円3枚程度）。

　定額小為替による納付の場合は、手数料と納付額が同額でない場合は受け付けない市町村もあるので注意する。（地方自治法施行令）

④複雑な事例では相続人関係図を、また重複を避けるため取得済みの戸籍（除）謄本のコピー等を同封する。

2、職務上請求書の記載例

①業務の種類

　遺産分割協議書および相続人関係図の作成

②依頼者の氏名又は名称

　山田　花子（被相続人山田　太郎の妻）

③依頼者について該当する事由

　依頼者山田　花子の夫・山田　太郎は、令和　年　月　日に○○市内で死亡した。同人の相続人を確定するために、出生から死亡するまでの連続した全ての戸籍（除）謄本が必要となる。

④提出先又提出先がない場合の処理

　依頼者に渡す。

3、市町村の本人通知制度

　市町村では、戸籍等の不正取得の抑制を図るため、要綱を定めて不正取得が明らかになった場合には、本人にその旨を知らせる「本人通知制度」を導入しているところも多い。職務上請求書の記載欄の中でも依頼者の氏名・名称欄には、特に注意が必要である。

第4節　職務上請求書と適正使用の厳守

1、不正使用は厳禁である。

　行政書士は、ともすれば業際問題に注意を向けがちであるが、それに劣らず、いやそれ以上に気を付けなければならないのは、職務上請求書の不正使用である。平たく言えば、業際問題は士業者間の仕事の取り合い、面子や縄張り争いのレベルに対し、職務上請求書の不正使用問題は、公文書を市町村や国等の公の機関からだまし取

る行為であり、また被請求者の人権侵害や個人情報にもかかわる大変違法性が強い非難の程度が高いレベルの問題である。興信所等からの依頼により、職務上請求書を使用して第三者の戸籍（除）謄本や住民票の写し等を取得することは絶対にしてはいけない。

2、一般倫理研修の義務化

令和3年の行政書士による職務上請求書の不正使用事件を契機として、再発防止を徹底するため、5年に一度の一般倫理研修の受講が行政書士の全会員に義務化された。これに伴い職務上請求書を購入する際には、一般倫理研修の「修了証」が必要となった。

| 重要判例3 | 家系図作成と職務上請求書の行使（最判平22.12.20） |

（判　旨）

観賞用ないし記念のための品として作成された家系図は、行政書士法1条の2第1項にいう事実証明に関する書類にあたらないので、職務上請求書を使用して戸籍（除）謄本等を請求できない。事実証明に関する文書とは、われわれの実社会生活に交渉を有する事項を証明するに足りる文書をいう。

第5節　戸籍の見方・読み方

戸籍の見方・読み方は人それぞれであろうが、筆者は、「編成期間」と「在籍期間」のキーワードをもとに読み解くことにしている。

1、編成期間

この戸籍にはいつからいつまでのことが記載してあるか。編成原因と除籍原因から読み解く。

(1) 編成原因の例

・戸主○○○○弟○○○○大正　年　月　日分家届出
・大正　年　月　日、前戸主死亡により家督相続届出
・昭和32年法務省令27号により昭和　年　月　日改製につき
　昭和　年　月　日、本戸籍編成

第二編　相続業務　　41

（2）除籍原因の例

- ・昭和　年　月　日の家督相続届出ありたるに因り本戸籍抹消す
- ・昭和 32 年法務省令 27 号により昭和　年　月　日あらたに戸籍を編成したため本戸籍消除
- ・○○県○○市○○ 1 丁目 2 番 3 号へ転籍、昭和　年　月　日本戸籍消除

2、在籍期間

被相続人又は相続人が、当該戸籍にいつからいつまで（何歳から何歳まで）在籍していたかを確認する。

第 6 節　大正 4 年式戸籍の理解のために

戸籍（除）謄本で度々目にするのが、大正 4 年式戸籍の下記 2 行の記載である。

A、昭和 32 年法務省令第 27 号により昭和 34 年 4 月 2 日本戸籍改製

B、昭和 32 年法務省令 27 号により昭和 36 年 6 月 15 日あらたに戸籍を編成したため本戸籍消除

この意味内容を理解すると、戸籍の解読が楽になり頭のモヤモヤ感が一気に解消する。A と B は、何を意味するか？

（1）A は、一次改製が行われたことを表している。

戸籍の編成基準が、従来の家単位から「1 つの夫婦及びこれと氏を同じくする子のみ」に改正されたが、すべてを直ちに書き換えることは不可能であるので 2 段階に分けて行い、新法施行 10 年後に改正内容を実現することになった。（昭和 23 年 1 月 1 日施行）

施行後 10 年間に、戸籍に記載されている人の構成が、新法の基準に該当した場合には、旧様式の戸籍であったとしても、新しい戸籍とみなして利用し直ちに作り変えなくてもよいことにされ、戸籍の事項欄に改製した旨が記載された。A がその表示である。

（2）B は、二次改製が行われたことを表している。

新法施行の 10 年経過後に、一次改製済みの戸籍のうち、書式の古いものを実際に新書式に書き換えて古い書式に B の記載がなさ

れた。そして実際に書き換えが行われて、昭和 32 式の新戸籍と改正原戸籍が誕生した。

実務のポイント　戸籍（除）謄本の連続性とチェック方法

　　被相続人の戸籍（除）謄本は、出生から死亡までの連続した戸籍が必要であるが、その連続性を確認するため、各戸籍の頭柱に編成年月日と消滅年月日を鉛筆でメモし、当該戸籍の編成年月日が前の戸籍の消滅年月日と一致していれば連続していることになる。出生までの戸籍がその繰り返しであれば連続していることになる。

実務のポイント　戸籍（除）謄本等と有効期限

　　相続登記に関しては、戸籍（除）謄本、印鑑証明書、住民票等に有効期限はない。6 カ月経過した書面でも、それ以上に古い書面でも利用は可能である。相続人の現在戸籍謄本についても期限はないが、被相続人が死亡した後に作成されたものが必要である。（相続人であるためには、被相続人が死亡したときに生存している必要があるため）

第7節　第3順位相続と戸籍蒐集の範囲

　近年高齢の単身者が亡くなり兄弟姉妹（または甥姪）が相続人になる事案が増えてきている。この場合には、被相続人の父および母の出生から死亡までの戸籍（除）謄本も必要となる（父親が同一の異母兄弟も、また母親が同一の異父兄弟も相続人となるためその存否を確定するためである）。

　下記の戸籍（除）謄本を揃えることが必要となる。

　（1）兄弟姉妹が生存している場合

　　　①被相続人　　　　　出生から死亡まで
　　　②被相続人の父　　　出生から死亡まで
　　　③被相続人の母　　　出生から死亡まで
　　　④兄弟姉妹　　　　　現在の戸籍謄本

第二編　相続業務　　43

(2) 兄弟姉妹が死亡している場合（⑤と⑥が必要となる）。
　⑤死亡している兄弟姉妹　　出生から死亡までの戸籍
　⑥甥・姪　　　　　　　　　現在の戸籍謄本

実務のポイント　直系尊属と戸籍蒐集の範囲
　第3順位相続の場合には、直系尊属（父母、祖父母、被祖父母）がすべて死亡していないと兄弟姉妹は相続人となりえないために、直系尊属が被相続人より先に死亡していることを明らかにする必要がある。民法では兄弟の代襲相続は甥・姪までとされているが、直系尊属については特段の定めはない。不動産登記においては被相続人が死亡した時点で、直系尊属が概ね120歳を超えている場合には、死亡している確率が高いので戸籍（除）謄本の添付は不要であるとされている。

実務のポイント　同時死亡と相続人の確定
　ある案件で戸籍（除）謄本を読み込んでいると、父と子の死亡日時が全く同じであった。依頼者に確認してみると交通事故で死亡したとの事であった。父と子が同乗した自動車事故で死亡した場合の相続関係は、死亡時間によって違いが生ずる（父、母、子一人の3人家族であった）。
（1）父が1秒でも先に死亡したことが判明すれば、子と母が各2分の1を相続する。そしてその後、子の死亡により子の相続した

分を母が相続するとことになる。

（2）どちらが先に死亡したか不明の場合には、同時に死亡したもの
と推定され（民 32 条の 2）、父と子の両者の間には相続は生じ
ず、母がはじめからすべての財産を相続することになる。

コラム **楽しい戸籍の学び方**

　多くの時間をかけて戸籍に関する著書を読んでも、実務では役に立た
ないことがほとんどである。楽しく学ぶための方法は、自己の現在戸籍
から父母、祖父母、曾祖父母等に至るまで、すべての戸籍を蒐集して 1
冊にまとめ、それを繰り返して読み込むことである。まるで草書を崩し
たような難解な文字からも、幼い頃に親から耳にしたご先祖様の名前、
居間に飾られていた遺影、祖父母宅の藁葺きの母屋や庭の巨木等が思い
出され、懐かしく読み解くことができる。ご祖先様のルーツを知る良い
機会にもなるだろう。

コラム **転養子（養親子の二股状態）とは**

　戸籍を読み解く過程で常識に反するような記載に出会うこともある。
転養子がそうある。転養子とは、従来の養子縁組を解消することなく、
新たな養子縁組をすることを言うが、養子縁組によって養子と養親との
間に生じた親族関係は、その養子が転養子をしても消滅しないとされて
いる（昭 23・4・20 民甲 208 回答）。そこで転養子は、第 1 の養親及
び第 2 の養親との間にそれぞれ縁組の日から法定血族関係を生ずること
になり、実親の死亡時、当初の養親の死亡時、転養子の養親の死亡時の
たびに第 1 順位の法定相続人になる。ある時、相続人 A が養子縁組を 2
回繰り返している記載を見つけた。私は、当初 2 度目の養子縁組の成立
した時点で 1 度目の養子縁組は効力を失い、A は第 1 の養親の相続人と
はならないと安易に考えていたが、途中で転養子の問題に気付き、A を
第 1 の養親の相続人として取り扱い、事なきを得た。転養子が生ずる原
因は、連れ子のある女性の再婚と離婚にまつわる事例が多いようであ

が、二又状態は、男女間でも、士業者への業務依頼でも、政治の世界でも色々と問題を起こしそうである。

第8節　遺産分割当事者の確定（法定相続人以外の参加者）

戸籍調査により、法定相続人が確定したとしても、現実の遺産分割当事者とは別問題である。共同相続人以外に、下記の者が遺産分割の当事者となる。

①包括受遺者（民第990条）

②相続分の譲受人

相続分の譲受人は、相続人の財産上の地位を承継するから、相続人と同一の法的地位に立ち、遺産分割手続きに関与させねばならない。

③法定代理人

相続人が未成年の場合の親権者、成年後見制度を利用している場合の成年後見人、行方不明者の場合の不在者財産管理人等

第9節　法定相続情報証明制度

1、法定相続情報証明制度とは

相続人が相続関係を一覧に著した図（法定相続情報一覧図）を戸籍（除）謄本と共に法務局に提出し、登記官が一覧図の内容が相続関係と合致していることを確認したうえで、その一覧図に認証文を付した写しを交付する制度である。

法定相続情報一覧図の写しは、戸籍（除）謄本の代わりに相続登記に利用できるため、不動産が複数の管轄にまたがって所在する場合に、申請するたびごとに謄本の束を出す必要がないので便利である。また被相続人名義の預金の払戻し手続き、相続税の申告、被相続人の死亡に起因する年金手続きにも利用できる。

2、行政書士の役割と効用

従来、行政書士は法務局とは縁が薄かったが、資格者代理人として法定相続情報証明制度に関与できることになった。これを機会に

この制度を積極的に利用して、関係機関に、行政書士の力量を認知させることが重要である。ただし申請に際しては補正の指摘を受けない正確な書類を作成・提出することが前提である。また金融機関のために便宜を図り、街の法律家としての役割を果たすことも大切なことである。

　また相続手続きが多くある場合に、各手続きで、一覧図の写しを添付すれば手続きが同時に進められ時間短縮にもつながる。

3、手続きの流れ

　戸籍（除）謄本等必要書類の収集→「法定相続情報一覧図」の作成→申請書の記入→法務局へ申出→法務局の審査→法定相続情報一覧図の写しの交付（認証文付）の順になる。

4、メリットとデメリット

（1）メリット

①戸籍（除）謄本等の厚い束を持ち歩く必要がなくなる。

②登記手続、金融機関での手続きが同時進行できる。

③複雑な相続案件では、法務局が相続人の漏れや誤りがないことを確定してくれるので、その後の手続きを安心して進めることができる。

④金融機関は手間暇が省け責任も免れるので（民478条）、歓待され待ち時間も短縮される。

⑤相続手続きに必要な最低限度の情報のみが記載されるので、プライバシーの配慮にも役立つ。

（2）デメリット

①一覧図の作成に手間と暇がかかる（従来の相続関係図の考え方とは違うことに注意する。正確さより簡潔さが重視される）。

②数次相続や代襲相続等の複雑な相続事案に対応した、一覧図の作成が難しい。

5、利用範囲

　金融機関の数が多い、不動産が各地に散らばっている、相続人が多い等の場合に便利である。平成30年（2018年）4月1日以降

は、相続税の申告書にも添付できるが、子の続柄は、長男、二男、長女、二女、養子のいずれかであるかが分かるように記載されたものに限られる。社会保険事務所での死亡者の未支給年金の請求にも利用できる。

実務のポイント　一覧図と死亡した配偶者の記載の有無

　すでに亡くなっている配偶者は、相続人ではないので原則として法定相続一覧図に記載できない。筆者が申請した案件では、単に配偶者と記載した申請書はそのまま受理されたが、配偶者の名前と死亡年月日を記載した申請書は補正の対象とされた。

　なお、主な法定相続情報一覧図の様式と記載例は、法務局のホームページに掲載されているので、これを参考にすると作成に要する負担が少なくなる。

コラム　法定相続情報証明制度の最大の効用とは

　近隣に住む単身の男性が亡くなり、近くで世話をしていた女性から相続手続きを依頼された。遺産は預貯金と戸建住宅であった。職務上請求書を使用して戸籍調査の結果、相続人は甥・姪の21人と確定した。面倒ではあったが、念のため法務局に法定相続情報一覧図を作成し申請の申立てをした。翌々日法務局から電話があり、相続人の一人はすでに死亡しているので、20人の法定相続情報一覧図に訂正してくださいと電話があった。相続人でない者を記載した遺産分割協議書を作成し、多くの相続人から署名・捺印を得た後に、誤りが判明した場合を想起すると慄然とした。認証文の付いた法定相続情報一覧図を取得して、その後、安心して手続きを進めることができるのが最大の効用であると実感した。

2章
相続財産の調査と評価

第1節　相続財産の調査と評価

　遺産分割とは、共同相続人の共同所有に属していた相続財産を各相続人に分配させる手続きなので、その範囲と評価額を明らかにしないと遺産分割協議を進めることができない。相続人の一人が、その遺産が存在することを知っていたらこのような遺産分割協議に合意しなかったと考えられる事案では、後日、遺産分割協議をやり直す等の問題が生ずる可能性もある。

第2節　資料の請求と取得

　依頼者から聞き取った事項を端緒として、手許にある資料を提出してもらう。また相続人の承諾を得て被相続人の生前の自宅に伺い、郵便物等に目を通すのも有益である。

1、調査に役立つ書類
　①固定資産納税通知書
　②株式、投資信託等の取引明細書
　③確定申告書の控え
　④預金通帳
　⑤出資証券（信用金庫、農業協同組合）等
　　これらをもとに各種調査を開始する。

2、不動産の調査
（1）調査資料
　①固定資産納税通知書
　　所在と地番を手懸りに、登記全部事項証明書を取得し不動産の有無と内容を確定する。また未登記建物の場合は、固定資産納税通知書により確認する。

第二編　相続業務　　49

②名寄帳

　市区町村が作成している固定資産課税台帳を所有者別に一覧表でまとめたものである。これを利用することにより相続人が所有する不動産を一度に把握することができる。不動産所在地を管轄する市町村ごとに作成されるため、管轄外の所在地にある不動産については、その管轄地の名寄帳を別途確認する必要がある。

③公図

　当該不動産の位置関係や土地の形状、道路付も確認でき、便利である。

④固定資産評価額証明書

　不動産の公的な評価額を知ることができる。

（2）取引価格の把握方法

　相続業務を進めていくためには、早期に不動産の取引価格を把握することが重要であるが、その際には固定資産評価額証明書を利用するのが便宜である。土地については、「公示価格」（国による全国の標準地の評価額）の 70 ％が固定資産評価額の目安なので、固定資産評価額を 0.7 で割り戻せば公示価格という公的評価に基づく土地の値段が判明することになる。ただし、現実の取引価格は、同じ区域でも形状、日照、接道等により異なるので「目安」として使用することになる。家屋については、固定資産評価額証明書の金額が唯一の公的評価であり、これを参考にする。

（3）代理人が固定資産評価額証明書を取得するための必要書類

①被相続人の死亡した記載のわかる戸籍謄本

②申請人と被相続人との関係がわかる戸籍（除）謄本

③申請人から代理人への委任状

④代理人の本人確認書類（免許証等）

3、金銭その他動産の調査

　金銭その他価値のある動産については、貸金庫に保管されていることが多いので一定の手続きを踏んで貸金庫を開扉する。（注）

（注）相続財産に含まれる金銭は、指輪宝石等の動産と同じく「有

体物」として遺産共有に取り込まれ遺産分割の対象となり、遺産分割前に相続分に応じて分割承継されるのではない。それゆえに、共同相続人の一人は、他の共同相続人に対して、遺産分割前に自己の相続分に相当する金銭を交付するように請求することはできない。

重要判例4 金銭の遺産分割前の支払請求の可否　最判平4・4・10

（判　旨）

相続人は、遺産の分割前までの間は、相続開始時に存した金銭を相続財産として保管している他の相続人に対して、自己の相続分に相当する金銭の支払いを求めることはできないと解するのが相当である。

4、預貯金と調査

（1）残高証明書

「死亡時」と「請求時」の証明書を各1通取得すると、より正確に残高を把握できる（死亡後、請求時までに引き出されていることもある）。

（2）必要書類

①被相続人の死亡した記載のわかる戸籍謄本

②申請人と被相続人との関係のわかる戸籍（除）謄本

③委任状

④代理人の印鑑証明書

⑤代理人の本人確認書類（免許証等）

5、株式と調査

（1）株式の配当通知書、取引明細書等をもとに調査する。

（2）必要書類

上記預貯金と同一である。

（3）残高証明書の取得と評価

・上場会社については死亡時の最終価格

・非上場会社については、類似した上場会社の株式の時価を参考に

第二編　相続業務　51

しながら、相続人間で話し合い合意点を見つけることになる。

6、生命保険金、遺族給付金、死亡退職金、マイレージ

（1）生命保険金

　　死亡を原因とする点では相続と類似するが、指定された受取人が、固有の権利として取得するので相続財産ではない。

（2）遺族給付金

　　受給権者の固有の権利であり相続財産に属さない。

（3）死亡退職金

　　賃金の後払いとしての性質、遺族の生活保障としての性質があるが、その遺産性を一律に決することは無理があるので、具体的事案に応じ個別的に決することになる。

（4）マイレージ

　　航空会社の ANA、JAL ともに会員規約で、会員が死亡した場合に相続が可能であることを明記している。

第3節　債務の調査と開示請求

1、住宅ローンやカードローンであれば、郵便物や総合口座の引き落とし履歴から債務の存在が判明することが多いが、連帯保証債務については身内でもわからない。特に自営業者等が死亡した場合に、心配した配偶者から調査を依頼されることがあるが、調査はほぼ不可能である。ただし、銀行等金融機関、クレジットカード会社、消費者金融などは、各々信用情報機関に加盟しているので開示請求をすることはできる。（注）

　　（注）現実には、保証人ではなく、連帯保証人とされることが多い。連帯保証人は、保証人と違って、債務者に支払いの資力がある場合でも、債務者より先に支払い請求や強制執行をされても文句は言えない。（民 454 条、452 条、453 条）

2、事業用融資と保証意思宣明公正証書の作成（民 465 条の 6）

　　保証人になろうとする者が、保証人になることの意味やそのリスク、具体的な主債務の内容等について十分に理解しないまま安易に

保証契約を締結してしまい、その結果として生活の破綻に追い込まれることがあると指摘されてきた。そこで民法改正により、事業用融資を受ける会社の取締役等以外の個人が保証人になる際には、その締結日の前1カ月以内に、公証人があらかじめ保証人になろうとする者に直接その保証意思を確認して、公正証書（保証意思宣明公正証書）を作成しなければ効力を生じないとする規定が新設された。但し令和2年（2020年）4月以前の保証契約は、これまで通り運用されるので注意が必要である。

第4節　デジタル遺産と調査

　本人が亡くなった後、スマホやパソコンがロックされてパスワードが不明となり相続人が途方に暮れることも多くなっている。通帳が発行されない銀行口座、ネット銀行口座等については、万一の場合に備えて家族がIDとパスワードを見つけることができるような仕組みを考えておくことが必要である。アナログ的ではあるが生前にID・パスワードをメモにしてその保管場所を家族に伝えておくのも一つの方法である。また死後事務委任契約の中に、亡くなった後のパスワード解析や削除依頼等を専門業者に委託する条項を設けておくことも考えられる。

第5節　財産目録の作成

　法的には作成義務はないが、遺産分割協議が円滑に進むように（後日遺産の内容でトラブルが生じないように）、また相続税申告の要否判断のために、できるだけ正確に作成することが必要である。遺言の場合には、遺言執行者に作成・交付が要求されている。（民1011条）

| 重要判例5 | 遺産から生ずる賃料の帰属（最判平17・9・8）

（判　旨）
　相続開始から遺産分割までの間に、共同相続に係る不動産から生ずる金銭債権たる賃料債権は、各共同相続人がその相続分に応じて分割単独債権として確定的に取得し、その帰属は、後にされた遺産分

割の影響を受けない。（注）

（注）この判例によって、賃貸土地や賃貸マンションが存在する相続については、収益額を考慮することなく、遺産自体を評価して分割協議をすればよいことになった。

重要判例6 預金取引記録開示請求事件（最判平成21・1・22）

（判　旨）

　金融機関は、預金契約に基づき、預金者の求めに応じて預金口座の取引経過を開示すべき義務を負う。預金者の共同相続人の1人は、他の共同相続人全員の同意がなくても、共同相続人全員に帰属する預金契約上の地位に基づき、被相続人名義の預金口座の取引経過の開示を求める権利を単独で行使することができる。

コラム　独居老人の死と財産調査

　都内の下町に居住していた一人住まいの高齢女性が、突然、急性心不全で死亡した。相続人となる姪から相続手続きを依頼されたが、一人住まいの財産調査は、情報の蒐集手段が限られており大変苦労した。有力な調査資料として活用したのは、自宅の状差しにあった郵便物、総合口座通帳及び貸金庫であった。

① 「状差し」にあった郵便物

　証券会社の取引明細書、カード会社からの請求書、信用金庫の貸付返済予定表、固定資産納税通知書が取得できた。

② 総合口座通帳

　通帳の記載を丹念に読み込むことで多くの情報を知ることができた。

・毎月の一定金額のA銀行への支払い→貸金庫の存在が判明→貸金庫の開示請求→貸金庫の開扉につながった。

・毎月の消費者金融への返済金→カード利用による債務の存在が判明した。

・証券会社からの入金→投資信託と株式の所有が明らかになった。

・毎月の一定金額の入金→駐車場契約と土地所有が判明した。

③　貸金庫の開扉

　登記済権利証、借地契約書、ローン契約書、年金証書、保険契約書、指輪、定額預金証書が取得できた。

　これらの資料を検討することにより、短期間のうちに財産調査を完了することができた。

3 章
具体的相続分の算定
―特別受益、寄与分、相続分の譲渡―

第 1 節　具体的相続分とは

　具体的相続分とは、相続人間の実質的な公平を図るために、特別受益や特別寄与が考慮された相続分である。共同相続人の中に、贈与や遺贈を受けた者や寄与貢献した者がいる場合に、これらを遺産分割の際に考慮しなければ不公平となるからである。また共同相続人の一人は、その持分を相続人または第三者に譲渡することができる。第三者に譲渡されるとその譲受人は、その相続人の地位を引き継ぎ、遺産分割協議に参加できるので、民法はその不都合を緩和するため、他の共同相続人に相続分の価格と費用を償還してその取戻権を与えた（民 905 条）。

第 2 節　特別受益

　実務上では、特別受益が主張されると合意形成が難しくなるが、行政書士としての腕の見せ所でもある。

1、特別受益の意味

　　共同相続の中に、被相続人から、生前贈与を受けまたは遺贈等を受けた者があるときは、これを遺産分割時に計算に入れなければ不公平となる。民法では、相続財産に生前贈与を加えたものを相続財産とみなし、これに各相続人の相続分を乗じて得た結果から、贈与及び遺贈の額を差し引いたものをその者の具体的相続分とした。相続分算定の基礎に加える計算上の扱いを、講学上「持ち戻し」と称している（民 903 条）。

2、特別受益の範囲

① 遺贈

　目的にかかわりなく、すべて持ち戻しの対象となる。

② 生前贈与

婚姻のため、養子縁組のため、生計の資本としての贈与に限られる。

3、特別受益と調査

銀行通帳や口座の取引履歴書、贈与契約書、登記全部事項証明書、介護メモ等客観的な証拠が必要である。単なる過去の記憶、話、会話等の主観的な事情では難しい。

4、生命保険金と特別受益

生命保険金は、受取人が保険契約に基づいて受け取るものであるため、相続財産ではなく受取人の固有財産となる。しかし遺産分割にあって実務上特別受益に準じて考慮すべきとの指摘もある。下記の判例が参考となる。

重要判例7 生命保険金と特別受益性（最判平16・10・29）

（判　旨）

死亡保険金請求権またはこれを行使して取得した死亡保険金は、民903条1項に規定する遺贈または贈与に係る財産にはあたらない。ただし保険金受取人たる相続人と他の相続人との不公平が、同上の趣旨に照らして到底是認できないほどに著しい場合には、同条の類推適用によって死亡保険金請求権は特別受益に準じて持ち戻しの対象になると判示した。

第3節　居住用不動産の贈与等に関する優遇措置

1、特別受益と持ち戻し免除の意思表示推定規定

婚姻期間が、20年以上の夫婦の一方である被相続人が、他の一方に対し、その居住の用に供する建物またはその敷地について遺贈又は贈与をしたときは、当該被相続人は、その遺贈又は贈与について第1項の規定を適用しない旨の意思を表示したものと推定する（民903条④）。民法改正後は、持ち戻し免除の意思表示が推定されるので、原則として相続財産に加えないこととなった。

第二編　相続業務　57

2、趣旨

　被相続人の通常の意思に合致すること及び残された配偶者の生活に配慮するためである。

3、要件

① 夫婦の一方である被相続人が、他の一方に対してする遺贈又は贈与をしたこと。

② 夫婦の婚姻期間が 20 年以上あること。

③ 遺贈又は贈与の対象物が、居住の用に供する建物またはその敷地であること。

第4節　寄与分

1、寄与分とは

　共同相続人の中に、被相続人の財産の維持または増加について特別の寄与をした者がある場合に、他の相続人との実質的公平を図るため、遺産の分割に際し寄与した相続人に、本来の相続分を超える額の財産を取得させる制度である（民 904 条の 2）。

　寄与の態様としては①事業従事型、②財産出資金型（被相続人の事業について資金を提供したり、借財を弁済したりする行為）③療養看護型（病気になった被相続人を看病したり、身の周りの世話をすること）等がある。寄与分を定める方法は、相続人全員の協議、協議がまとまらなければ調停、調停が不成立であれば審判となる。

2、療養看護型と算定方法

　親族としての身分関係から当然の範囲の療養看護は含まれない。夫婦間には、同居、協力扶助の義務（民 752 条）、また直系血族や兄弟姉妹間には扶養義務（民 877 条①）があるので、これらの義務の履行とみられる行為は特別の寄与に該当しないと考えられる。その算定方法には定まった方式はないが、実際に要した費用でそれが必要なものであった場合にはその金額、付き添い介護をした場合には、付添婦の日当額に日数を乗じた金額等が目安となる。（注）

（注）介護と寄与分の評価

介護による寄与分の評価は、一般に「第三者が介護を行った場合の日当」×「介護日数」×裁量割合（0．5から0．7）と言われる。

3、家庭裁判所と寄与分の考え方

東京家庭裁判所の「寄与分の主張を検討する皆様へ」のパンフレットが参考となる。

下記の要件が必要とされている。

①主張する寄与行為が相続開始前の行為であること

被相続人が亡くなった後の行為、例えば遺産不動産の維持管理、法要の実施等は対象にはならない。

②寄与分が認められるだけの要件を満たしていること

・その寄与行為が被相続人にとって必要不可欠であったこと

・特別な貢献であること

・被相続人から対価を得ていないこと

・寄与行為が一定の期間であること

・片手間ではなくかなりの負担を要していること

・寄与行為と被相続人の財産の維持又は増加に因果関係があること

③客観的な裏付け資料が提出されていること

①②③から推察できることは、認められるハードルが非常に高いことおよび認められても金額が少ないことである。

第5節　特別受益および寄与分の主張制限（民904条の3）

1、改正理由

相続が発生してから長期間、遺産分割がされないまま相続が繰り返されると、多数の相続人の共有状態となり遺産の管理と処分が困難になる。そこで相続開始から10年を経過したときは、特別受益および寄与分による分割の利益を消滅させるという仕組みを創設した。そのため相続開始の時から10年を経過した後では、特別受益および寄与分の主張をすることができず、原則として法定相続分

（または指定相続分）で遺産分割をすることになる。遺産分割協議自体に期限を設けるものではないが、実質的には 10 年の期限が設けられたと考えることもできる。令和 5 年（2023 年）4 月 1 日から施行された。

2、10 年経過後も具体的相続分が適用される場合

①相続開始後 10 年が経過する前に、相続人が家庭裁判所へ遺産分割請求をしたとき

②相続開始の時から 10 年の期間満了前 6 カ月以内に、相続人に遺産分割請求をすることができないやむを得ない事由が生じた場合において、その事由が消滅したときから 6 カ月経過前に、当該相続人が家庭裁判所に遺産分割請求をしたとき

③相続人全員が、具体的相続分による遺産分割に合意した場合

3、経過措置

①改正民法施行時には、すでに 10 年が経過している場合

この場合は、改正民法施行時から 5 年以内であれば特別受益および寄与分に関する権利を主張することができる。

②改正民法施行前に相続が開始し、施行後 5 年以内に 10 年が経過する場合

この場合も①と同様に、改正民法施行時から 5 年以内であれば特別受益および寄与分に関する権利を主張することができる。

第 6 節　特別寄与制度の新設

1、特別寄与制度とは

相続人以外の被相続人の親族が、無償で被相続人の療養看護等を行った場合には、相続人に対して金銭の請求（特別寄与料）をすることができるようになった。従来は、長男の妻が、どんなに被相続人（義父）の介護に尽くしても、相続人でないため、被相続人の死亡に際し相続財産の分配に参加できなかった。改正後は、長男の妻が、他の相続人に金銭の請求をすることができることになった（民1050 条）。令和元年（2019 年）7 月 1 日施行

2、主な内容

①親族とは、相続人以外の 6 親等内の血族と 3 親等内の姻族となる（民 725 条）。

②労務提供型の特別の寄与のみが対象となり、財産給付型の寄与は対象とならない。

③相続人が数人ある場合には、各相続人は特別寄与分の額に法定相続分・指定相続分を乗じた額を負担する（民 1050 条⑤）。

第 7 節　相続分の譲渡

1、相続分の譲渡

相続分の譲渡とは、譲渡人の相続分（包括的な相続財産全体に対する持分）が譲受人に移転することである。また譲渡人の相続分が共同相続人以外の者に譲渡されると、その譲受人は、その相続人の地位を引き継ぎ遺産分割協議に参加できるので、その不都合を緩和するために、民法は他の共同相続人に相続分の価格と費用を償還してその取り戻し権を与えた（民 905 条）。

2、要件

①遺産分割前またはそれと同時に行われること。

②有償、無償は問わない。

③口頭でも可能であるが、後日の紛争を避けるために実務上は書面によるべきである。

3、譲受人の地位

相続分を譲り受けた者は、その相続人の地位を受け継ぎ、遺産分割協議に参加することができる。これを無視した分割協議は無効となる（譲渡人は遺産分割手続における当事者適格を失う）。

4、相続人の譲渡が活用される場面

①相続手続きの効率的解決を図る。

相続人の中に、遺産の取得を望まない者や、熱意のない者があって相続手続きの進行に支障をきたす場合に、これらの者を手続きから脱退させて効率的に進めることができる。

第二編　相続業務　　61

②相続人の意思を尊重できる。
　イ）相続関係から脱退したい相続人がいる場合（無償譲渡）
　　　相続人の中には、遺産を取得することを潔よしとしない者もい
　　　るし、他の相続人に全部帰属させたいと願う者もいる。
　ロ）経済的利益を先に取得したい相続人がいる場合（有償譲渡）
③内縁の妻など本来相続人でない者に、相続分を譲渡することに
　よって遺産分割に関与できるようにする。
④信用金庫や信用組合の出資金の解約の際には、他の相続人へ持分
　譲渡または持分の払戻しを選択できる取り扱いになっている。

コラム　見知らぬ人が協議の場に

　時には、赤の他人が、遺産分割協議の場に現れることもある。開業して数年経過した頃、元職場の同僚Aから、単身の兄の相続手続きを依頼された。戸籍調査の結果、戸籍上の相続人は、依頼者の弟Aと弟B、甥・姪が5人の7人であった。ところが遺産分割協議の会場に現れた甲と称する者については、依頼者の弟Aを始め相続人の誰も心当たりがなく、また本人が名乗った甲の氏名は、筆者の作成した相続人関係図の中にも記載されていなかった。筆者が、甲と称する者から詳しく聞いてみると、相続人の一人である弟Bと友人関係にあり、先月弟Bから相続分の譲渡を受けたと主張し、弟Bの氏名・捺印が押された「相続分譲渡書」なる文書を所持していた。相続分譲受人は、遺産分割協議の当事者となるとの知識は、研修のなかで学んでいたが、筆者が初めて「相続分譲渡書」なる文書を目にした瞬間でもあった。相続分譲渡書が、遺産分割協議の場面で、実際にどのように用いられ、活用されるかを現場で体験できた貴重な場面でもあった。

```
┌─────────────────────────────────────────┐
│                  4 章                      │
│            相続方法の選択                    │
│             ―承認と放棄―                    │
└─────────────────────────────────────────┘
```

第1節　相続方法の選択

　相続が開始した場合には、相続人は次の三つのうちのいずれかを選択できる。①単純承認、②限定承認、③相続放棄である。②と③は、家庭裁判所にその旨を申述しなければならない。

第2節　単純承認

1、単純承認とは、無限に被相続人の権利義務を承継することを内容とする、相続人の意思表示を言う（民920条）。

　　民法は単純承認を相続の本来的形態とみて、相続人が限定承認も相続放棄もしないで熟慮期間を経過すれば、単純承認をしたものとみなしている（民921条2号）。実務上は、意思表示が積極的に表示されることは少なく、熟慮期間の経過によって、単純承認とみなされる場合が大多数である。

2、意思表示の方式

　　何らかの形で、相続人の単純承認をするという意思表示がなされればよい。

3、相続財産の処分（民921条一号）

　　相続財産を処分した時は、法定単純承認とみなされ相続放棄ができなくなる。相続財産の規模、当該処分財産の多寡、性質等を総合的に判断する。法定単純承認とみなされるためには、相続人が相続の開始を知りまたは確実に予想しながらなされたことを要する（最判昭42・4・27）。ただし限定承認もしくは相続放棄をする前の処分行為に限られる。

（1）法律的処分行為

①債権の取り立て

第二編　相続業務　　63

②債務の弁済

③遺産分割協議

　各相続人が、相続財産であることを認識しながら遺産分割協議をするのであるから、原則として相続財産の処分行為に該当する。

(2) 事実的処分行為

　山林の伐採、家屋の取り壊し等、事実的処分行為を含む。

(3) 生命保険金

　契約内容により異なる。契約者・被保険者が夫で妻が生命保険の受取人になっているような場合には、保険契約に基づく固有の権利として妻が取得するので基本的には問題とはならない。他方受取人が「被相続人」とされているケースでは、死亡保険金が相続財産となるので、相続放棄を予定している場合には、受け取るべきではない。

(4) 遺産分割前の預貯金の一部払戻

　遺産分割前に、預貯金を一部引き出す行為は、令和元年（2019年）7月1日施行の改正民法で認められた制度ではあるが、処分の意思があると認定されて相続放棄ができなくなる可能性もある。相続放棄を予定している相続人には要注意である（民909条の2）。

(5) 処分行為とならないもの

　保存行為、民602条に定める期間を超えない賃貸借、葬式費用の支出軽微の形見分け等

実務のポイント　形見分けと単純承認

　形見分けとは、死者の愛用していた所有品を親族や知人に分けることで慣習として行われているものであるが、法律上の根拠はない。問題となるのはそれが相続財産の処分なのか、形見分けなのかの区別である。

　判例では、その財産が市場取引の対象となる価値があるかどうかで判断されている。美術品、骨董類、宝石などで市場取引の対象となるものは要注意である。形見分けとして処分したつもりでも、

それが相続財産の処分とみなされて相続放棄が認められないこともある。

第3節　限定承認とは

1、限定承認の意義

　　相続によって得た財産の限度においてのみ、被相続人の債務および遺贈を弁済すべきことを留保して、相続の承認をすることができる（民 922 条）。相続財産がマイナスであることが明瞭であれば、相続の放棄をすればよいが、プラスかマイナスか不明の場合に、この制度が効果を発揮する。後の清算手続きにより、相続財産がマイナスであることが判明した場合には、相続人は相続財産の範囲内でその債務の弁済をすれば足り、相続人にとっては都合の良い理想的な制度である。

　　しかし、この制度を希望する相続人は多いが、ほとんどの人は途中で断念する。

2、なぜ利用する相続人が少ないか

　　下記の理由が考えられる。

①すべての相続人が共同して申請しなければならないのが第一の難点である。

②申請時に、金融資産や債務をつぶさに調べて、財産目録を作成提出しなければならない。

③相続人の中から相続財産管理人を選任する（民 936 条）が、選任された素人の相続人が、複雑な手続きを進めるには無理があり、結局は弁護士に委任しなければならず、その費用も用意しなければならない。

④不動産等の処分が必要な場合には、原則として任意競売は認められず、形式的競売に付さなければならない（時間もかかるし手続きも面倒である）。

⑤相続債権者や受遺者に弁済したことにより、他の相続債権者や受遺者に損害を与えた場合には、損害賠償責任（民 934 条）を負

第二編　相続業務　　65

う可能性がある。

　これらの負担を考慮すると、大概の人は選択を躊躇するのが現実である。

コラム　**覚悟がいる限定承認の選択**

　ある地方の司法書士が、家庭裁判所に限定承認の申立書を提出したところ、受付の担当者から「先生、やめた方がいいですよ」と助言されたとの話を聞いたことがある。弁護士や税理士等の著作では、一般的且つ概括的な説明があるだけで、この問題を意図的に避けている本が大部分である。しかし手続きが煩雑で実務上あまり使用されていない制度であっても、相談者から説明を求められれば手続の流れや選択した場合のメリット・デメリットの判断材料を伝えなければならない。また、依頼者から強く要望されれば側面からサポートする必要もある。

3、限定承認手続
（1）申述人
　相続人が数人あるときは、共同相続人の全員が共同して行う。

①相続放棄した相続人がいる場合

　相続放棄をした者は、相続人でなかったものと見なされるため、それ以外の相続人全員で共同して限定承認をすることができる。

② 一部の相続人が相続財産を処分した場合

　相続財産を処分した者は、単純承認をしたものとみなされるので、他の相続人は限定承認をすることはできない。

③一部の相続人が反対の意思表示をした場合、他の相続人も限定承認をすることはできない。

（2）申立書と添付事項
　被相続人の出生から死亡までの戸籍（除）謄本、相続人全員の戸籍謄本、財産目録等

(3) 期　限　3カ月内

　調査に時間を要するときは、伸長申立の規定（民915条①但書）を活用すると安心である。

(4) 公　告

　官報に掲載する。

　すべての相続債権者および受遺者に対しては公告（民927条1項）、知れたる相続債権者および受遺者に対しては各別に申出催告（民927条3項）をする。

(5) 相続財産管理人の選任（民936条）

　相続人が数人ある場合は、相続人の中から選任される。

　この相続財産管理人は、共同相続人のために、相続財産の管理や債務の弁済すなわち清算等に必要な一切の行為をする（民936②）。

　選任された相続財産管理人が、弁護士に委任した場合には、弁護士はその代理人として法律事務を遂行する。

(6) 換価手続

　競売の方法によらなければならない（民932条、民執195条）。

　本条の競売は、民事執行法の規定に基づき担保権の実行としての競売の例による。

　預貯金等が潤沢にあり、そこから相続債権者・受遺者に全額の弁済が可能であれば、法的換価手続きは必要ないが、不動産等の場合に不当に安い価格で売却されて相続債権者・受遺者の利益が侵害されることのないように、限定承認者は競売に付さなければならないとされている。（注）

（注）判例は、民932条に反して任意売却をした場合でも限定承認
　　　自体は無効とならないのはもちろんのこと、売却それ自体も有効
　　　としている。ただし不当に安価な売却により、相続債権者や受遺
　　　者に損害を与えた場合には損害賠償責任を負う。

(7) 弁済手続

　相続債権者および受遺者への弁済手続

　申出をした債権者および知れたる債権者に、債権額の割合に応じ

第二編　相続業務　　67

て弁済する。先に相続債権者に弁済し、それでもまだ相続財産が残っていれば受遺者に弁済する（民931条）。

4、限定承認手続の効果
(1) 債務が残る場合
　限定承認者は、弁済の責任を負わない。これが限定承認の本来の効果である。残った債務は自然債務となる。
(2) 残余財産が残る場合
　限定承認をした相続人間で遺産を分割する。
(3) 限定責任者の損害賠償責任
　限定承認者が、公告催告等の手続きを怠り、債権者や受遺者に正当な弁済を得させなかったときは、損害賠償の責任を負う（民934条①）。

5、活用すべき場面
(1) 被相続人が個人事業経営者で、事業の取引等で生じた債務が出てくる可能性が大であるとか、同業者の連帯保証人になっていることが予想される場合等。
(2) 大震災や大津波等の自然災害の場合に、相続財産が一度に消滅し債務超過であるのかどうか判断がつかない状況下におかれた場合等。
(3) 相続放棄による次順位者の責任を回避する場合。
　相続放棄をすることにより次順位者が相続人となる場合には、次順位者が相続放棄の手続きをとることを余儀なくされるが、これを防止するために利用する余地がある。

フローチャート

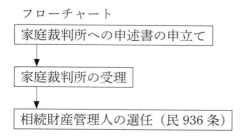

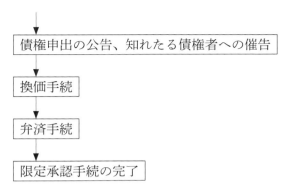

第4節　相続放棄

1、相続放棄とは、相続の開始によって生じた相続の効力（財産に属した一切の権利義務の承継）を、相続人が拒絶する行為である。限定承認とは異なり相続人全員でする必要はなく、相続人が個別的にすることができる。

(1) 家庭裁判所への申立てが必要である。

　他の相続人等へ、自分は相続放棄したと宣言しただけでは法的には効力は生じない。また被相続人が生前に作成した「相続放棄する旨を約束した文書」も効力はない。

(2) 相続の放棄は、財産全てを包括的に放棄する必要がある。

　その一部についてのみなすことは許されない。プラスの財産だけは相続するが、マイナスの財産やトラブルのある財産は相続しないとすることはできない。

(3) 相続の放棄には、期限がある（民915条）。

　自己のために相続の開始があったことを知ったときから3カ月以内にしなければならない。四十九日法要（死亡日から約1カ月半）を終え、日常生活に戻り冷静に考えることができる頃には、相続放棄の残余期限は1カ月余しかなく、それから裁判所の書類等を準備するには実務的にかなりハードな業務となる。

重要判例8　相続放棄と熟慮期間の起算点　最判昭59・4・27

（判　旨）

　相続人が相続の原因たる事実およびこれにより自己が法律上相続人となった事実を知った場合には、原則として相続人が前記の各事実を知った時から起算すべきものであるが、相続人が被相続人に相続財産が全く存在しないと信ずるについて相当の理由があると認められるときは、相続人が相続財産の全部又は一部の存在を認識した時または通常これを認識しうべき時から、起算すべきものと解するのが相当ある。（注）

（注）悪質な貸金業者の中には、債務者が死亡しても、熟慮期間が経過するまで待って相続人に督促してくる者もいる。

2、申立て方法

(1) 申立人

　各相続人（相続人が未成年者や、成年被後見人の場合にはその法定代理人）

(2) 提出先

　相続開始地（被相続人の最後の住所地）の家庭裁判所

(3) 添付資料（注）

　添付書面

　① 被相続人の住民票の除票または戸籍の附票

　② 申述人（放棄する者）の戸籍謄本

（注）申述人が、被相続人の配偶者の場合、子や孫の場合、父母や祖父母の場合、兄弟姉妹や甥姪の場合により、添付書面を異にする。

3、相続放棄の効果

　相続の放棄者は、その相続に関しては、はじめから相続人とならなかったものとみなされる（民939条）。すなわち遺産に属するもろもろの積極的財産も、債務その他の消極的財産もすべて承継しなかったことになる。これが相続放棄の基本的効果である。（注）

（注）相続分の放棄との相違

　相続分の放棄をした者は、相続人としての地位を失うことはなく

相続債務についての負担義務も免れない。また相続分放棄者の相続分は、他の相続人に対して相続分に応じて帰属する。

4、次順位相続人への通知と説明責任　―親族に迷惑をかけないこと―

相続の放棄をしようとするとき、忘れてはならないのが次順位相続人となった者への通知と説明責任である（配偶者が相続放棄した場合には、他に影響はない）。この通知と説明を怠ると親族に負の遺産を押し付ける可能性があるので要注意である。

①例えば第1順位である相続人である子供全員が相続放棄すると、第2順位である両親等直系尊属が相続人となってしまう。このような場合に次順位相続人に対してその債務状況等を説明し、相続するか相続放棄をするかを検討してもらうことになる。

②第2順位の両親等が相続放棄した場合は、被相続人の兄弟姉妹（兄弟姉妹が死亡していた場合には甥・姪）が相続人となる。この場合も同様である。（注）

（注）次順位者の熟慮期間の起算点

先順位の相続人の放棄手続きが終了した時点が、次の相続人の熟慮期間の起算点となる。

5、相続放棄後の管理義務

相続の放棄をした者は、その放棄の時に相続財産に属する財産を現に占有しているときは、引き渡すまでの間、自己の財産におけるのと同一の注意をもって、その財産を保存しなければならないと明記され、令和5年（2023年）4月から施行された（民法940条）。空き家を相続放棄した場合に、その建物の手入れ等の管理に関わっていなければ「現に占有している」とはいえないため、通常は管理義務がないことになる。

※現に占有しているとは、事実上、支配や管理をしている状態を指す。

6、事実上の相続放棄とその効果

熟慮期間を過ぎてしまったり、家庭裁判所での申述手続きを嫌っ

第二編　相続業務　71

たりする相続人は、下記の方法を用いて放棄と同様な効果を実現することになる。

(1) 類型

① 相続分をゼロとする遺産分割協議書を作成する。

② 相続分なきことの証明書を作成する。

③ 相続分を特定の相続人に譲渡する。

④相続分を放棄する。

(2) 債務の承継

　事実上の相続放棄では、遺産を取得しなくとも債務は承継する。ある相続人の相続分をゼロとし、債務は他の相続人が承継する遺産分割協議書を作成しても、相続債権者との間で債務を免れるためには、債権者の同意が必要である。

コラム　突然の相続

　自分だけが放棄して、次順位相続人に連絡も説明もせず放置しておくと、親族間に大きな軋轢を起こすことになるので注意が必要である。相続放棄をした者が、相続受理証明書を家庭裁判所から取得した後、ただちにそのコピーと相続放棄の理由を書いた文書を、次順位相続人に送付することが必要である。令和2年1月中頃に、NHKのテレビ番組・クローズアップ現代が「突然の相続」と題して、被相続人と全く付き合いのない姪に、突然多額の支払いを求める通知書が届き、大騒動になった事件を大きく取り上げていたが、まさにこの領域の問題であった。

実務のポイント　全員の相続放棄とその後の手続

　相続人全員が、相続放棄して相続人が不存在となれば、民法第六章の相続人不存在の問題となる。一定の手続き後、特別縁故者への財産分与を経て残余があれば国庫に帰属する（959条）。不動産については、財産管理人が所轄の財務局長と事前協議を行った後、実測図等必要な書類を添付して不動産引継書を財務局長へ提出するこ

とになる。現金や金銭債権等は、財産管理人から所轄の家庭裁判所
に引き渡されることになっている。

5章
配偶者居住権の選択と活用

第1節　配偶者居住権

1、趣　旨―自宅を相続・生活費も確保―

　　高齢者が住み慣れた住環境での生活を継続するために、居住権を確保しつつ、その後の生活資金として預貯金等についても確保できるようにするために、使用収益権限のみが認められた配偶者居住権を新設した。これによって低廉な価格で居住権を確保したうえで、預貯金等も取得できる余地を拡大した。

2、事　例

　　夫名義の自宅不動産に、夫婦が居住していたが、夫が死亡し、妻と長男が相続人となった事例

・被相続人　山田　太郎
　相続財産　自宅（評価額 2,000 万円）および預貯金 3,000 万円
・相続人　　妻山田　花子、長男山田　一郎
・妻と長男の相続分　各 2 分の 1
・妻と長男の取得額　各 2,500 万円

「改正前」
妻山田花子が、居住建物（評価額 2,000 万円）を取得すると、住む場所は確保できたが、預貯金は 500 万円しか取得できず、生活費に不安であった。
「改正後」
自宅（評価額 2,000 万円）を配偶者居住権（1,000 万円）と負担付所有権（1,000 万円）に分離する。

妻山田　花子
↓
・配偶者居住権（1,000万円）
・預貯金は　　（1,500万円）
◎妻山田　花子は、住む場所を確保でき、生活費にも余裕ができるので安心である。

3、活用場面

妻と子の折り合いが悪いケース、前妻の子と後妻が揉めるケース等が想定されるが、今後は配偶者居住権制度の活用によって遺産分割手続きの選択肢が増え、より柔軟で円滑な解決が可能となる。

第2節　成立要件

1、配偶者が、相続開始時に被相続人所有の建物に居住していたこと。

①配偶者とは、被相続人と法律上の婚姻をしていたこと。
②被相続人の所有の建物であること。（注）
（注）被相続人が共有持分を有していたに過ぎない場合には、原則として配偶者居住権を成立させることはできない。例外的に被相続人が配偶者と居住建物を共有している場合には、配偶者居住権の成立を認めることとしている（民1028条①但書）。
③居住していたとは、当該建物を生活の本拠としていたこと。

2、配偶者に配偶者居住権を取得させる旨の遺産分割、遺贈（死因贈与を含む）がされたこと。

実務のポイント　遺言による配偶者居住権の設定

遺言で配偶者居住権を定める場合、特定財産承継遺言（いわゆる

相続させる旨の遺言）ではなく、特定遺贈にしなければならない（民 1028 条①二号）。

これは、仮に特定財産承継遺言（いわゆる相続させる旨の遺言）による取得を認めることとすると、配偶者が配偶者居住権の取得を希望しない場合にも、配偶者居住権の取得のみを拒否することはできずに、相続放棄をするほかないこととなり、かえって配偶者の利益を害するおそれがある。他方特定遺贈の場合には、受遺者が個別の遺産ごとにいつでも遺贈の放棄をすることができる（民 986 ①）ので、配偶者居住権のみの放棄が可能となる。

第 3 節　法的性格

配偶者の居住権を確保するために認められた権利で、帰属上の一身専属権である。このため、配偶者居住権の帰属主体は配偶者に限定され、配偶者はこれを譲渡することはできない（民 1032 条②）。また配偶者が死亡した場合には、当然に消滅し相続の対象にならない。

第 4 節　配偶者居住権の財産評価

配偶者居住権の価格の算定方式については、様々な方式が考えられている（不動産鑑定士協会、税務当局等）。実際にその評価額がいくらになるかは、その後の配偶者の生活を左右するので重要であるが、遺産分割協議では相続人全員の合意で評価方法・額を自由に決めることは可能である。例えば配偶者居住権の評価額は、自宅不動産の 3 割であると合意することはできる。但し、共同相続人間で合意ができなければ、これら専門家による評価方法をもとに、審判における判断に委ねられることになる。

第 5 節　配偶者居住権の内容

1、配偶者居住権とは
①住み慣れた建物について
②無償で

③終身住み続けられる権利（原則として）であり

④登記することにより建物所有者が変わっても、新所有者に対抗できる。

⑤賃借権類似の法定使用権である。

2、条文を整理すると下記のとおりとなる。

①配偶者居住権の存続期間（民1030条）

配偶者の終身とする。但し遺産分割の協議若しくは遺言に別段の定めがあるとき、家庭裁判所が遺産分割の審判において別段の定めをしたときは、その定めによる。

②配偶者居住権の登記（民1031条）

配偶者が、配偶者居住権を第三者に対抗するためには、配偶者居住権の設定登記をしなければならない。

・共同申請

配偶者と居住建物の所有者が共同でしなければならない。（不登法60条81条の2）

・登記事項

権利に関する通常の登記事項（不登法59条）のほか、存続期間、第三者に居住建物の使用又は収益をさせることを許す旨の定めがあるときは、その定める事項である。

③配偶者による使用収益等（民1032条③）

配偶者による無断の増改築および第三者による使用収益は、禁止である。大規模修繕等は、原則として所有者の同意を得なければできない。

④居住建物の修繕（民1033条）

配偶者に第一次的な修繕権を付与する一方で、配偶者が相当の期間内に修繕をしない場合には、当該居住建物の所有者において、修繕ができることにした。

⑤必要費の負担（民1034条）

配偶者は、居住建物の通常の必要費を負担する。臨時の必要費（不慮の風水害による修繕費等）および有益費（リフォーム工事

第二編　相続業務　77

費用等）については、居住建物の所有者が負担する。（注）

（注）固定資産税の納税義務者は所有者であり、配偶者居住権が設定された場合でも、居住建物の所有者が納税義務者となる。民法では、通常の必要費は配偶者が負担するものとされている（民1034①）ので、居住建物の所有者が納税した場合には、配偶者に求償することになる。

⑥配偶者居住権の譲渡禁止（民 1032 条②）

　従前の住環境での生活を継続することを可能にするために創設したものであるから、第三者に譲渡を認めることは制度趣旨に反することになる。しかし配偶者は、居住建物所有者の承諾を得て、第三者に使用収益をさせることはできる。

⑦配偶者居住権の消滅事由

・存続期間の満了（民 1036 条、597 条①）
・配偶者の用法義務違反と居住建物所有者の消滅請求（民 1032 ④）
・配偶者の死亡（民 1036 条、597 条③）
・居住建物の全部消滅（民 1036 条、616 条の 2）

実務のポイント　高齢者施設への入所対策

　高齢になった配偶者が、高齢者施設への入所を望んでいる場合または将来マンション等への住み替えを考えている場合には、配偶者居住権の取得は慎重にすべきである。売却はできず資金を捻出することはできないからである（民 1032 条②）。なお、配偶者は居住建物の所有者の了解を得れば賃貸することはできるので、施設への入居費用をその賃料収入で賄うことはできる（民 1032 条③）。

第 6 節　配偶者短期居住権

1、趣　旨―配偶者居住権を短期的に保護するための方策―

　配偶者が、被相続人所有の建物に居住していた場合に、被相続人の死亡により住み慣れた居住建物を退去しなければならない場合には、精神的肉体的負担が大きいと考えられる。改正前は、引き続き

同居の相続人にこれを無償で使用させる旨の合意があったものと推認し保護してきたが、被相続人が明確にこれと異なる意思を表示した場合には保護されないことになる。そこで配偶者が従前居住していた建物に、被相続人の死亡後も引き続き無償で居住することができる権利を新たに創設した（民 1037 条）。

重要判例 9 遺産建物の相続開始後の使用関係　最判平 8・12・17 共同相続人の一人が、相続開始前から被相続人の許可を得て遺産である建物において被相続人と同居していた時は、特段の事情のない限り、被相続人と同居の相続人の間において、被相続人が死亡し相続が開始した後も、遺産分割により建物の所有権が最終的に確定するまでは、引き続き同居の相続人に、これを無償で使用させる旨の合意があったものと推認される。

2、成立要件

　配偶者が、被相続人の財産に属した建物に、相続開始時に無償で居住していたことである。

①配偶者とは、被相続人と法律上の婚姻をしていたこと。

②居住建物が、被相続人の財産に属していたこと。

③配偶者がその建物に無償で居住していたこと。

④生活の本拠として、現に居住の用に供していたこと。（注）

（注）配偶者が入院等のために病院や施設に滞在していたとしても、退院後に帰宅が予定され、生活の本拠としての実体が失われていない場合には、居住していたということができ、配偶者短期居住権の成立を認めることができる。

3、配偶者居住権との相違

①終身の権利ではなく一定期間しか認められない。

②居住建物の収益は認められない。

④使用貸借類似の権利であり第三者への対抗力はない。

④要件を満たせば、自動的に権利が発生する（法律行為は不要である）。

第二編　相続業務　79

4、法的性質

配偶者短期居住権は、配偶者を債権者、居住建物取得者を債務者とする使用貸借類似の法定の債権である。

5、存続期間

(1) 配偶者を含む共同相続人間で遺産分割の対象となり得る場合

遺産分割により居住建物の帰属が確定した日または相続開始の日から6カ月経過した日のいずれか遅い日まで。

(2) 居住建物の遺贈等がされた場合

居住建物取得者による、配偶者短期居住権の消滅の申し入れから、6カ月を経過する日まで（民1037①2号）。

6、配偶者と居住建物取得者の主な法律関係

配偶者は、配偶者短期居住権が存続している間は、居住建物の取得者に対し、居住建物を使用する権利を有するとともに、使用方法等について義務を負う。その法律関係は、使用貸借契約の当事者間の関係とほぼ同様である。

配偶者が、用法順守義務や善管注意義務に違反した場合、承諾を得ずに第三者に使用させた場合には、居住建物取得者は、配偶者に対する意思表示によって配偶者居住権を消滅させることができる。

6章
遺産分割協議の進め方
―調整と提案―

第1節　遺産分割の意義と種類

1、遺産分割の意義

　相続人が一人であれば、遺産は相続人の単独所有となり分割の問題は生じないが、二人以上の場合には、相続人が共同して承継するので、これをそれぞれの相続分に応じて分割しなければならない。この手続きが遺産分割手続きである。

2、遺産分割の種類

　遺産分割の手続きとしては、①遺言による指定分割、②協議による分割、③調停による分割、④審判による分割がある。共同相続人は、被相続人が遺言で分割方法を指定した場合や分割を禁じた場合を除くほかは、いつでもその協議で遺産の分割をすることができる（民907条①民908条）。話し合いがつかなければ調停の申立てとなるが、その際は法的紛議が具体的に表れたものとして、行政書士は残念ながら手続きから撤退しなければならない。

3、遺産分割協議と開始時期

　特段の制限はない。しかし死亡直後に遺産分割の問題を切り出すことは故人にも失礼であるし、強欲な相続人であるとみられてしまうので、早くても1カ月または忌明けとなる四十九日を過ぎてから開始するのが賢明である。遺族も精神的な落ち着きを取り戻しており、冷静に協議に臨むことができるからである。父の死亡後、10日経過後に二女から依頼があった案件では、地方に嫁いだ長女が、二女に対してあまりにも拙速で常識がないと怒り、姉妹間で揉めた事案もあった。

第二編　相続業務　　81

第2節　遺産分割の指針

1、遺産分割の基準（民906条）

　　遺産分割は、遺産に属する物または権利の種類及び性質、各相続人の年齢、職業、心身の状態及び生活の状況その他一切の事情を考慮してこれをする。本条は、遺産分割を行う際に、諸般の事情を考慮しつつ遺産分割を行うという分割の指針を定めたものである。

2、法定相続分の役割

　　相続分の指定がない場合には、民法の定める法定相続分（民900条）によるが、そのルールをそのまま当てはめると相続人間で実質的な不公平が生ずる場合がある。この場合には法定相続分に拘泥することなく、合意で決めることができるので、法定相続分は目安と考えるべきである。

3、特別受益（903条）、寄与分（904条の2）、相続分の譲渡（905条）の規定の活用

　　相続分の修正要素としての特別受益や寄与分の内容を説明し、円満な合意に導くことも大切である。また相続分譲渡の規定を活用して、手続きに関心の無い相続人に、対価を支払い、当事者から除外して迅速に合意に導く方法もある。

4、配偶者居住権の活用（民1028条）

　　被相続人の財産に属した建物について、配偶者居住権と負担付所有権に分け、遺産分割協議、遺贈、死因贈与により別々に相続することができるので、これを活用する。

5、判例への配慮

　　判例（特に最高裁判例）は、当該事案の解決とともに社会のルールを作る役割を担っているので、関連する事案の判例が存在するのであれば、その判旨を尊重して遺産分割を進めることになる。

第3節　遺産分割協議と行政書士の姿勢

　弁護士は、依頼者の代理人として他の相続人を対立当事者として捉

え、交渉を始めるのが基本的スタンスであるが、行政書士は、依頼を受けた相続人のためだけではなく、すべての相続人の調整役として、最良の合意案を見つけ提案するのが業務である。相続法の条文や仕組み等の説明をするだけではなく、各相続人間の具体的事情をくみ取り、相続人すべてがより満足できるような合意案を提案するのが、行政書士の役割である。

実務のポイント　説得の功罪

　合意案を得るためには、ときには助言のみならず説得が必要な場合もある。説得には、感情的説得、功利的説得および論理的説得を上手に使い分けることが大切であると言われているが、頑なな相続人の心を開かせるには感情的説得が、調停に付されそうな場合には損得を含めた功利的説得が、理屈っぽい人には論理的説得が有効であろう。しかし解決を急ぐあまり過度な説得を試みて逆効果の場合もある。泥沼に陥っているような事案では、どのような説得よりも、時間をかけて辛抱強く待つことが解決の糸口を与えてくれることもある。

第4節　合意形成の方法

合意形成の方法について特に制限はなく共同相続人の自由に任されている。

1、一堂に会する方法

　法事・法要等の機会を利用して相続人全員が一堂に会し、話し合いで合意を形成する方法である。相続人が多数の場合や、遠隔地に居住する場合、仲の悪い相続人がいること等を考慮すると現実的ではない。逆に一堂に会すると従来の不満を主張しあい、険悪な事態に陥ることもある。この場合の行政書士の役割は、協議の場に立ち会い、資料を用意し、相続財産等内容を説明し、司会進行役を務めることになる。内容の異なる遺産分割協議書（案）を複数用意して行くことも大切である。

2、文書の持ち回りによる方法

行政書士が、依頼した相続人の意向や他の相続人の情報等を参考にして遺産分割協議書（案）を作成し、直接に相続人に提示しまたは電話、ファックス、手紙、メール等で協議を進める。協議内容が提示されて、相続人の受諾の意思が明らかであれば、法的には有効であり問題はない。この文書の持ち回り方法による遺産分割協議が、筆者の業務の大部分を占める。

3、上記1、と2を併用する方法

一堂に会することの可能な相続人は、一堂に会し、その他の相続人には持ち回り方法による。（注）

（注）私の実務体験では、一堂に会する方法は僅少である。依頼者が特に強く要求しない限り、行政書士側から提案すべきではなく、2又は3の方法が、効率的であり得策である。

重要判例10 持ち回りによる遺産分割協議の成否　仙台高判平4年4月20日

（判　旨）

相続人間において遺産分割協議が成立するためには、相続人全員の合意が必要であり、この合意が成立するためには必ずしも全員が一堂に会することは必要ではないが、全員が一堂に会せずに持ち回りで遺産分割協議をなす場合には、遺産分割の内容が確定しており、そのことが各相続人に提示されることが必要であると解するのが相当である。

重要判例11 遠隔地に居住する相続人間の遺産分割協議　浦和地判昭58年1月28日

（判　旨）

相続人の一部が、遠隔地に居住するなどの理由で、直接、遺産分割協議に参加することが出来ない時は、他の相続人が遺産分割案を作成して提出し、当該相続人が、これに受諾の意思表示をする方式に

よることも許される。この場合は、当該相続人の意思が的確に伝達されることを要し、遺産分割案の内容を熟知してこれに明確な受託の意思表示をしたときに、初めて協議が成立すると解する。本件では他の相続人が作成した遺産分割協議書に対し、遠隔地に居住する相続人の明確な受諾の意思表示はないので、上記遺産分割協議書は無効である。

第5節　遺産分割の方法

1、現物分割（遺産を現物のままで分割する方法）

遺産に土地と株券がある場合に、土地は長男山田一郎に、株券は二男山田二郎に分割する例

2、換価分割

共同相続人が、遺産を未分割の状態で換価し、その売却金から必要経費を控除して、残額を分割する方法。

3、代償分割

共同相続人のうち一人または数人が、相続により取得した遺産の現物を取得し、その現物を取得した者が、他の共同相続人に対して債務を負担する方法による遺産分割をいう。家庭裁判所の審判においては、支払いの能力の有無その他特別の事由が必要であるが、遺産分割協議においては全員の合意があれば特段の制約はない。

4、全部分割と一部分割

遺産分割を早期に解決するために、争いのない遺産について、先に一部分割を行うことが有益な場合がある。従来の実務でも一定の要件下で一部分割が許されるとする見解が一般的であったが、これを改正民法は法文上も明確にした（民第907条）。具体的事例としては、遺産のうち不動産の帰属については相続人間で意見の相違があるが、預貯金について早期に法定相続分で分割したいとの要望がある場合などである。

<u>実務のポイント</u>　換価分割と代償分割の選択の目安
　　　換価分割は、相続人全員が相続を希望しない不動産が存在する場合、または相続人の一人は相続したいが、他の相続人に対して金銭の支払いが困難の場合等に利用されるのが通常である。代償分割は、当該不動産を必要としている相続人が存在し、代償金を支払っても確保したい場合に利用されるのが一般的である。

第6節　いわゆる「ハンコ代」の利用について

1、ハンコ代とは、一般には、物事を迅速・円滑に進めるために、承諾を要する相手方に支払う金銭のことをいう。遺産分割協議の場面では遺産分割協議書に署名・捺印してもらうために支払わる金銭のことをいう（代償分割における代償金もハンコ代の一種ということになる）。

2、いわゆるハンコ代の相場・基準について

　　　法律上いわゆるハンコ代についての定めはなく、慣習上も決まった相場があるわけでもない。結局は当該相続人が、納得して署名・捺印を押すか否かの問題であるので、定まった基準はなくケースバイケースである。したがって、被相続人の生前の意思や、相続人間のこれまでの関係、遺産の規模や内容など様々な要素が関係して決まってくる。相続人ごとに均等であることは望ましいが、各相続人の事情が異なるので不満を述べる相続人に多く支払われることもある。

3、いわゆるハンコ代の具体的考え方

①実費相当額（交通費、印鑑証明書、戸籍謄本等の取得費等）
　少額であれば普通為替証書、クオカード、図書券等を使用する場合もある。

②法定相続分の2分の1の額

③遺留分相当額

④贈与税の基礎控除額（110万円）

⑤切りの良い金額で納得してもらう考え方（3万、5万、7万、10

万）

4、いわゆるハンコ代と贈与税

　　いわゆるハンコ代が 110 万円を超過する場合には、代償金の名目で遺産分割協議書に記載する方が適切である。遺産分割による金額とみなされて贈与税の対象とならないからである。

第 7 節　遺言書の存在と遺産分割協議

　遺言書が存在する場合に、遺言内容と異なる遺産分割協議を行うことはできるか。

　遺言書が存在しても、相続人全員（受遺者も含む）の同意があれば、遺言の内容と異なる遺産分割をすることは可能である。相続人全員（受遺者も含む）が、遺言内容と異なる遺産分割を望めば、かかる相続人全員（受遺者も含む）の自由な意思を尊重する観点から、遺言は変更されることになる。なお、遺言執行者の定めがある場合には、遺言執行者の同意も必要である。同意を得ないで進めた場合には、後に報酬額等の損害賠償を請求される可能性があるからである。

実務のポイント　遺言から分割協議への方向転換

　　令和 2 年の 8 月中旬、近隣に住む看護師さんから古ぼけた用紙に包まれた自筆証書遺言を渡された。その際にコロナ禍最中で、病院の仕事が忙しく当分は休暇を取れそうもないと伝えられ、家庭裁判所からの検認請求の呼び出しにも出向けるような状況ではなかった。そこで同じ内容の遺産分割協議書を作成して解決する方法を選択した。相続人全員に署名・捺印をお願いし、遺言書と同じ内容の遺産分割を短期間で終了させることができた。

コラム　初心者が陥りやすい失敗事例

　　初心者が陥りやすい失敗事例の典型は、依頼者の話を一方的に聞いてその内容を鵜呑みにし、遺産分割協議書（案）を作成して、他の相続人

第二編　相続業務　　87

に署名・捺印を依頼するパターンである。

（事　案）

　自営業者の父が、日頃から仲の悪い長男Aと二男Bを残して死亡した。父は生前から争族を心配して、所有地を2筆に分筆していた（面積、道路付、日照等、条件はほぼ同一で争いの余地はないように思われた）。二男Bから内容を聞き取った筆者は、遺産分割協議書には紛争の生じる余地はないと即断して、二男Bの言うとおりの遺産分割協議書（案）を作成し、長男Aに署名・捺印を求める文書を郵送した。ところが後日長男Aから、自分を差し置いて、二男Bが勝手に行政書士に遺産分割協議書の作成を依頼したことに対して、怒り心頭でしばらく暗礁に乗り上げてしまった。この案件で、相続問題は経済的利害のみではなく、感情面がいかに大切かを身もって体験した次第である。また郵送前に、長男Aに二男Bからの依頼の件を一言伝えてから、次の行動に進むべきだったと深く反省した。

　ちなみにその後、某市の消防署職員であった長男Aは、東日本大震災の現地に災害派遣され、数週間支援活動に従事した後に自宅に戻ったが、その翌日に、筆者の事務所に来て何も言わずに署名・押印をしてくれた。災害派遣中に多くの被災地の惨状を目の当たりにして、自分たちの相続争いが、いかに些少なことであるかということに気づかれ、反省の念が生じたのであろう。

7章
遺産分割協議書の作成

第1節　遺産分割協議書と作成理由

　遺産分割協議書とは、相続人全員が遺産分割協議で合意した内容を書面化したものである。法律で規定された書式やルールはないが、通常使用されている一般的な方式はある。「同一内容の書面」を「相続人数分」作成し、各相続人が署名・捺印した証明書方式でもよい。

　主な作成理由は①遺産分割協議が成立したことの証明書として、②不動産登記申請の原因証書として、③相続税申告の添付書面としてである。

第2節　記載事項

1、被相続人情報（氏名、本籍地、死亡日）
2、遺産内容と特定の仕方

　①不動産

　　土地につては所在と地番、建物については所在と家屋番号で特定できるが、登記の申請を考慮すると、登記全部事項証明書を取得して、正確に不動産内容を記載した方が賢明である。私道については、記載から漏れてしまうことがあるので特に注意する。

　②預貯金について

　　名義人、金融機関名、支店名、種別　口座番号（注）

　　（注）特定の金融機関に同じ預金種目の口座が複数あって、その口座を各相続人に別々に相続させる場合には、口座番号を記載する必要があるが、その他の場合は必ずしも記載する必要はない。

　③有価証券

　　・株式　M工業株式会社の株式 1,000 株（○○銀行○○支店扱い）

第二編　相続業務　89

・投資信託　○○ファンド全部　　　　（○○証券○○支店扱い）

・出資金　　○○農協に対する出資金　（○○農協○○支店扱い）

④債権

令和○年○月○日　山田太郎への貸付金　金500万円

令和○年○月○日　○○山田太郎に対する売掛金

⑤交通事故死と損害賠償請求権

・令和　年　月　日に自動車事故で死亡したことによる故甲野太郎の加害者Xに対する損害賠償請求権

（1）逸失利益　3,000万円

（2）慰謝料　　1,000万円

交通事故死の場合には、被害者本人が有していた財産に加えて、故人が得た逸失利益（故人が働いて得られたはずの収入）と慰謝料請求権が遺産に加わることになる。

⑥自動車（注）

・自動車登録番号と車体番号（注）

（注）簡易な名義変更手続き

相続する自動車の査定額が100万円以下の場合には、遺産分割協議で定めた相続人が、「遺産分割協議成立申立書」を使用して相続人一人の署名・捺印で名義を移すことができる。ただし100万円以下であることの査定書は、査定士の資格を有する者が作成したことが必要であるので、日本自動車検査協会で査定書を作成してもらうと安心である。

⑦動産（注）

・○○銀行○○支店の貸金庫で保管しているダイヤモンドの指輪

・軽井沢の別荘にある富士山の絵画とピアノ

・自宅内にある家財道具一式

（注）自動車以外の動産を相続する場合、名義変更等の法的手続きは要求されていないので、相続物件の占有を確保する（管理者から引き渡しを受ける）だけでよい。

⑧債務

・M 銀行 K 支店からの借入金 1,000 万円

・未払いの公租公課

重要判例 12 慰謝料請求権の相続性　最大判 42・11・1

相続人は当然に慰謝料請求権を相続するとされた事例

（判　旨）

　ある者が他人の故意過失によって財産以外の損害を被った場合には、その者は財産上の損害を被った場合と同様、損害の発生と同時にその賠償を請求する権利、すなわち慰謝料請求権を取得し、この請求権を放棄したものと解し得る特別の事情がない限り、これを行使することができ、その損害の賠償を請求する意思を表明するなど各別の行為をすることを必要とするものではない。そして、当該被害者が死亡したときは、その相続人は当然に慰謝料請求権を相続するものと解するのが相当である。

3、分割内容

　誰が何を相続したかを明確に記載する。

・長男甲野一郎は、下記の土地を取得する。

・長女甲野花子は、○○銀行○○支店に預託してある預金債権を取得する。

4、署名・捺印

　（法的には記名・押印をもって代え得るが）、署名（手書き）が原則である。捺印は、実印で鮮明に押印してもらうこと（時々重ね押しやインクが薄くて判別できず、金融機関等で指摘を受けることがあるので注意を要する）。（注）

（注）実務上、いつも悩ましいのがいわゆる認知症といわれる者の署名能力の問題である。朝と夕との時間帯や自宅や病院等の環境等で能力に変化が生じたり、分割内容（妻にすべての財産を取得させる内容と複雑な内容）によって必要とされる能力の程度も異なってくる。一義的に判断はできない。相続人間が良好な関係にあるかを含めて、諸事情を総合的に勘案して判断するしかない。

第二編　相続業務　91

5、住　所

　　印鑑証明書のとおりに（省略しないで）記載する。印鑑証明書や住民票の写しが手許にあれば、事前にワード等で印字しておくと相続人の負担が軽減する。

6、財産漏れ対策

　　この書面に記載なき遺産、後日判明した遺産については、長男○○　○○が取得する等の文言を定めておくと、後日の手続きが省略される。

7、通数の記載

　　相続人の数だけ作成するのが一般的であるが、相続人が多い場合には各相続人に相続人数分の署名・捺印を要し、多大の負担をかけることになる。私は相続人が多い場合には、原本１通を作成し、下記の文言を記載することにしている。（注）

（注）遺産分割協議が真正に成立したことを証するため、原本１通を作成し、代表相続人○○　○○が保管する。他の相続人には、その写しを交付する。

実務のポイント　署名（手書き）の諸問題

1、脳梗塞やパーキンソン病等によって、手首の硬直や指先の震え等で署名が難しい相続人も多い。これらの相続人にいかに対処するかは、実務上、大変苦慮する問題である。氏名の練習をさせた後、鉛筆で見本を書いてその上に筆記用具でなぞってもらう等の苦肉の策を弄することもある。法律文書としては、記名・押印された遺産分割協議書も有効であるが、筆者は、住所欄は事前にワード等で印字するとか、氏名欄の枠を大きめに設けて署名しやすくする等の工夫をしながら、氏名のみは手書きを原則としている。後日トラブルが生じた場合には、筆跡鑑定等で救われる可能性が多いためである。

2、親族の方が代筆し、代筆する理由を付記し代筆者に署名捺印させるケースもある。本人の意思による代筆であれば有効とされる

余地もあるが、後日にトラブルの可能性を残すことになる。

第3節　未成年者、行方不明者、生死不明者と遺産分割協議

1、相続人が未成年の場合

（1）共同相続人中に未成年がいる場合には、その法定代理人たる親権者が未成年者に代わって遺産分割協議を行う（民824条）。

（2）下記の場合には、利益相反行為となるため、特別代理人の選任を要する（民826条）。

　①親権者と未成年者が共に共同相続人であり、親権者が未成年者の代理人としても遺産分割協議を行う場合。

　　　親権者は、子である未成年者相続人のために、特別代理人の選任を家庭裁判所に請求しなければならない。

　②共同相続人でない親権者が共同相続人である複数の未成年の代理人として遺産分割協議を行う場合（例えば、前妻が二人の子の親権者で、夫死亡後の相続人は後妻と子供二人である事例、妻が二人の子の親権者であったが、夫死亡後に妻が相続放棄をした事例等）。

　　　親権者は、複数の未成年者のうち1人の代理はできるが、その他の未成年者については、特別代理人の選任を家庭裁判所に請求しなければならない。

（3）遺産分割協議（案）によっては、特別代理人の選任が認められない場合もある。

　　　未成年者がいる場合に、母だけが財産の全部を取得する内容は、基本的には認められない（認められるためには、特別の理由を付記する）。

（4）特別代理人選任申立てに必要な書類

　　　特別代理人選任申立の際に、遺産分割協議書（案）を提出するので、認められた後に、遺産分割協議書の案を抹消して、特別代理人に署名・捺印をお願いする。

　①特別代理人選任申立書

第二編　相続業務　　93

②未成年者および親権者の戸籍謄本

③特別代理人候補者の住民票

④遺産分割協議書（案）

⑤遺産分割協議書（案）に記載した財産の資料

⑥申立て費用

2、相続人が行方不明の場合

共同相続人の一部について、<u>生存は明らかだが</u>、行方不明となっており調査を尽くしても住所が判明しない場合。

共同相続人が、利害関係人として財産管理人の選任を、最後の住所地を管轄する家庭裁判所に申し立てることになる（民 25 条）。

3、相続人が生死不明の場合

同相続人中に不在者がいて、その不在者の<u>生死が不明である場合</u>は、失踪宣告を家庭裁判所に請求する（民 30 条）。

失踪宣告の結果、不在者は死亡した者とみなされ（民 31 条）、不在者について相続が開始する。不在者に相続人がいることが明らかな場合には当該相続人が、相続人がいることが明らかでない時は、家庭裁判所で選任された相続財産管理人が（民 951 条）遺産分割協議の当事者となる。

第4節　数次相続

1、数次相続とは

ある者が死亡して相続が開始し、その者の遺産分割未了の間に、相続人の一人が死亡して相続が開始した場合を数次相続という。最初の相続を一次相続、次の相続を二次相続という。実務では度々現れる事案である。

2、一次相続と二次相続の相続人が同じ事案

父の死亡後、短期間内に母が死亡したような場合には、一次相続と二次相続の相続人は通常同じであるから、父と母の複数の遺産分割を 1 通の遺産分割協議書にまとめて作成することできる。

3、一次相続と二次相続の相続人が異なる事案

　父が死亡し、次に長男が亡くなったような場合には、一次相続における長男の相続人としての地位は、長男の配偶者や子に承継されるため、父の遺産分割協議に長男の配偶者や子が参加することになる。この場合には、一次相続と二次相続の相続人が異なるので、被相続人ごとに別々の遺産分割協議書を作成した方がよい。

4、似て非なるもの─代襲相続─

　代襲相続とは、本来相続人となるはずの者が、被相続人より前に亡くなっているため、その次の世代の者が、代わりに相続人となることである。例えば、親が亡くなった時点で子供がすでに亡くなっていれば、孫が親の財産を相続する。最近多い事例は、第3順位の相続で兄弟がすでに死亡して甥・姪が代襲相続をする例である。

第5節　サイン証明書（署名証明書）

1、相続人の中に海外居住者がいる場合には、印鑑証明書の代わりに現地の日本領事館が作成したサイン証明書（署名証明書）が必要となる。

2、サイン証明書（署名証明書）の形式

　サイン証明書の形式には、形式1と形式2があるが、遺産分割協議書で必要なのは形式1（貼付式の署名証明）となる。遺産分割協議書に申請人が署名したことを証明する形式で、遺産分割協議書の下段に、大使館（総領事館）の下記の証明書が、貼付され契印が押される。

3、遺産分割協議書の署名欄は、領事の面前で行うので（署名・捺印しないで）白紙のまま持参するように指示する。なおこの場合には遺産分割協議証明書を利用すると便利である。送付方法は、EMS（国際スピード郵便）を利用すると検索機能を活用することにより、海外での受領の有無も確認でき安心である。

証明書　　　　　　　形式1：貼付

以下身分事項等記載欄の者は、本職の面前で貼付書類に署名（及び拇印を捺印）したことを証明します。

身分事項等記載欄	
氏　名：　　　○○　　○○	
生年月日：　（明・大・昭・平）　　年　　月　　日	
日本旅券番号　TK　○○○○○○	
備　考	

　　　証第　F○○−○○○○○○
　　　平成 30 年 12 月 8 日
　　　在スラバヤ日本国領事館
　　　総領事　　○○　○○　　印

第6節　捨印と契印の役割および収入印紙の有無

1、捨印の役割

　　上段又は署名の隣に押印する。住所や不動産の表記等軽微な誤りがあるときに訂正できるので、その後の手続きが安心である。相続人全員の署名・捺印が済んだ後に間違を発見した場合に、相続人全員の訂正印を要求されることもあるので要注意である。

2、契印の役割

　　遺産分割協議書が数ページになるときは、書面の一体性を証するため契印が必要である。登記申請の際に契印が欠けると補正の対象となる。

3、収入印紙の有無

　　遺産分割協議書は非課税文書であり収入印紙は不要である。単に共有遺産を各相続人に分割するだけであって、不動産の譲渡を約束するものではないからである。

実務のポイント　署名・捺印と一括依頼

　　署名・捺印を要する書面は、遺産分割協議書以外にも各種の委任状がある（金融機関への払戻申請のための委任状、司法書士への登記申請委任状、固定資産評価額証明書の取得のための委任状、法定相続情報一覧図作成用委任等）。その都度何度も要求することは依頼者に負担をかけ信頼を失うことになるので、できる限り一括して依頼するように心がけることが肝要である。

第7節　遺産分割協議「証明書」の活用

1、 遺産分割協議書が1通の書面に相続人全員が署名・捺印する形式に対して、同一内容の書面を相続人数分作成して、各相続人が各別に署名・捺印する形式である。それらを全部合わせて1通の「遺産分割協議書」とすることができる。

・タイトルは「遺産分割協議証明書」となる。

・文言としては「下記のとおり遺産分割協議が成立したことを証明する」との記載となる。

2、効　用

　　各相続人宛に同時に発送が可能であり、日時を大幅に短縮することができる（各相続人間を郵送等で回覧する必要がない）。相続人が多い、全国的に分散している、また外国に居住しているような場合に迅速に対応することができる。（注）

（注）法務省民事局編登記関係先例集（民事甲3327　昭和35年12月27日）

　　共同相続人A・B・C間で、Aが不動産を単独相続する旨の遺産分割協議が成立した場合に、同一内容の遺産分割協議書を3通作成し、共同相続人が各別に署名・押印した3通（実印・印鑑証明書添付）全部を合わせて提出するときは、遺産分割協議書として取り扱うことができる。

コラム **遺産分割協議「証明書」の活用**

　開業して間もなく、相続人が九州は福岡県の直方市、飯塚市、田川市に、北海道は夕張市、赤平市に居住する相続手続きを依頼された。（炭鉱関係者の一族と推察されたが）どのように手続きを進めるべきか悩んでいたところ、先輩の司法書士が教えてくれたのが遺産分割協議「証明書」の活用であった。目の前の暗雲が一気に晴れたことを今でも鮮明に思い出す。同じ内容の遺産分割協議「証明書」を 20 通作成し、同時に発送することで、短期間に全員から（印鑑証明書付）署名・捺印された遺産分割協議証明書を取得することができた。

コラム **相続人は反社会的集団の関係者か**

　署名・捺印を依頼する遺産分割協議証明書を、相続人の一人に簡易書留で郵送したが、2 週間経過しても全く音沙汰がなかった（追跡番号で受領したことは確認できた）。再度速達で催促しても同様であった。依頼者から反社会的集団に入っているかもしれないとの話を耳にしていたが、埒が明かないので手土産を持参して訪問することにした。都内下町の小さな家であったが、深呼吸をして呼び鈴を押すと、顔を出したのは 70 歳前後の柔和な好々爺であった。用件を伝えると即座に署名・捺印をしてくれたうえ、近くの区役所まで印鑑証明書を取りに行ってくれた。電話や手紙だけではなく、実際に足を運び、顔を合わせて心を通わせ、信頼関係を築くことの大切さを学んだ案件でもあった。机上で法律書を沢山読み、法的解決方針を考えるだけが行政書士の仕事ではない。

8章
預貯金・株式の承継手続

第1節　遺産分割と承継手続

　遺言がない場合には、相続人全員が合意した遺産分割協議書の内容に従い、遺産分割の承継手続きを進めることになる。行政書士が関与する主な領域は、預貯金の払戻（名義変更）手続、株式の移管手続、不動産登記の申請サポート（司法書士への橋渡し）等である。事案によっては自動車の名義変更手続き、生命保険金の請求手続き、高額療養費や葬祭料の請求手続き等を依頼されることもある。依頼者に負担をかけずに、いかに迅速に結果を出すかが重要である。

第2節　預貯金債権の相続性

　平成28年最高裁大法廷決定により、預貯金について相続が生じた場合には、相続開始と同時に当然に相続分に応じて分割されることはなく、遺産共有の対象となり、他の財産と共に、遺産分割を経て各相続人に承継される。このため相続預貯金の払戻しは、相続人全員の合意が必要となり、これは相続人の一人が相続預貯金の全額について払戻しをすることができないだけではなく、相続預貯金の法定相続分の払戻しもできないことになる。

重要判例13 預貯金債権と遺産分割の対象　平28年12月19日最大決定

（判　旨）

　共同相続された普通預金債権、通常貯金債権および定期貯金債権は、いづれも、相続開始と同時に当然に相続分に応じて分割されることはなく、遺産分割の対象となる。　（注1）（注2）（注3）

　（注1）潮見佳男教授は、その重要な論拠として遺産としてみた場

合の金銭と預貯金の同質性を挙げておられる。預貯金は確実かつ簡易に換価することができる点で現金との差がなく、評価についての不確定要素が少ないため、具体的な遺産分割の方法を定めるにあたっての調整に資する財産である。（『詳解相続法　第2版』弘文堂 2023 年 p202）

（注2）平成 28 年最高裁大法廷決定は、普通預金債権、通常貯金債権および定期貯金債権について、それぞれの契約内容や性質等に鑑み、相続開始と同時に当然に相続分に応じて分割されることはなく、遺産分割の対象となると判示したものであって、可分債権一般について判示したものではないとされる。このため平成 28 年最高裁大法廷決定によって影響を受けるのは、預貯金債権のみであり、他の金銭債権等の可分債権には影響は生じないと考えるべきとされる。

（注3）損害賠償債権、貸金債権、不動産賃料債権等の金銭債権は可分債権として民 427 条が適用され、その結果、遺産分割の手続きを待つまでもなく、法律上当然に相続分に従い分割され、各共同相続人に帰属する。

第3節　死亡届と残高証明書の請求

1、まずは死亡の事実を告知する。

　　除住民票又は死亡日の記載された戸籍（除）謄本を提示する。

　　死亡の告知により、預貯金の引出しや預入はできなくなる。公共料金等の口座振替の諸代金については引落し口座の変更手続きを、家賃や駐車料等の受取予定がある場合には振込指定口座の変更手続きを、早めに行うことが必要となる。

2、預貯金の有無と金額を確定するため残高証明書を請求する。

（1）残高証明書の請求と必要書類

　　①被相続人の死亡の記載がある戸籍謄本

　　②被相続人と依頼者の関係がわかる戸籍（除）謄本

　　③委任状と委任者の印鑑証明書

④代理人の印鑑証明書

⑤代理人の本人確認書類（免許証等）

（2）残高証明書と通数

　死亡時と請求時に長い期間がある場合には、死亡日時点と請求時点における各1通を請求すると安心である。死亡後に身近にいる相続人が、カード等で払戻している可能性もあるからである。

3、払戻（名義変更）依頼書の取得

　残高証明書を請求する際に、各金融機関が用意してある払戻（名義変更）依頼書を取得する。案内書も同時に取得すると後に参考になる。

第4節　払戻請求（解約）と名義変更の選択

1、払戻請求（解約）と名義変更のどちらを選択するかは、最終的には依頼者の意向によるが、払戻請求（解約）を選択した場合には、その預貯金額を、その後の相続手続（経費や報酬の支払い、代償金への充当、相続税の納付等）に活用でき柔軟に進めることができる。行政書士にとっても払戻請求（解約）を選択していただいた方が、経費や報酬が確保できメリットが多い。名義変更を選択する事案とは、高金利の定期預金の場合や預貯金額を相続手続きに使用する必要がない場合等である。

2、払戻請求（解約）と受取方法

　預貯金の払戻しに際しては、代表相続人の口座に一括して振込みを指定した後、その振り込まれた金額を、代表相続人が相続人間の合意に基づいて各相続人に配分する方法が一般的である。金融機関によっては、払戻依頼書に各相続人の振込先と分割割合を記載させ直接に振り込む方法を選択させるところも多い。例えば、大手M銀行の払戻用紙欄には、「まとめてご入金」欄と「それぞれの口座にご入金」欄があり、どちらかを選択させるようになっている。

3、名義変更手続

　払戻し用紙の処理区分欄に、承継人を新名義人として記入する。

第二編　相続業務　　101

また、新名義人の印鑑届が必要となるので、取引で使用する印鑑を用意する。

第5節　払戻手続と必要書類

1、払戻手続きの体系

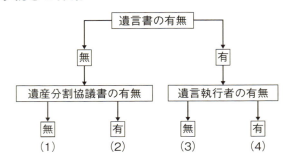

2、必要書類

(1) 遺言書および遺産分割協議書が無い場合

　金融機関は、原則として共同相続人全員からの払戻し手続きを求める。

　遺産分割前は、各相続人の具体的相続分が決まっていないので、相続人の一人からの払戻しに応じると事後的にトラブルが生じることを恐れるからである。

①払戻依頼書 <u>相続人全員の署名・捺印があるもの</u>
②相続人全員の印鑑証明書
③被相続人の出生から死亡するまでの戸籍（除）謄本
④相続人全員の戸籍謄本
⑤預金通帳、証書

代理人の添付書類として
①代表相続人からの代理人に対する委任状
②代理人の印鑑証明書
③代理人の本人確認書類運転（免許証等）

(2) 遺言書は無いが、遺産分割協議書が有る場合

①払戻依頼書　遺産分割協議書に当該預貯金を承継すると記載されている相続人の署名・捺印があるもの（注1）（注2）

②遺産分割協議書

③相続人全員の印鑑証明書

④被相続人の出生から死亡するまでの戸籍（除）謄本

⑤相続人全員の戸籍謄本

⑥預金通帳、証書

　代理人の添付書類として

①預貯金を承継する相続人からの委任状

②代理人の印鑑証明書

③代理人の本人確認書類（運転免許証等）

（注1）遺産分割協議が行われた後の払戻し手続は、遺産分割協議書の内容にしたがって特定の相続人に帰属するので、当該相続人が払戻依頼書に署名・捺印して、払戻しを請求することになる。

（注2）遺産分割協議書が作成済みの場合にも、遺産分割協議書に当該金融機関名、支店名、預金の種類、分割方法等が具体的に明記されていない場合には、払戻し手続きには全く役に立たないこともある。

(3) 遺言書は有るが、遺言執行者が無い場合

　本章は、遺言書がないことを前提にしているが、払戻しと必要書類については便宜上ここで記述する。

①払戻依頼書　受遺者の署名・捺印があるもの

②受遺者の印鑑証明書

③遺言書

　自筆証書遺言では、自筆証書遺言保管制度を利用されている場合を除き、家庭裁判所の検認済証明書が必要である。

　公正証書遺言の場合には、正本と謄本どちらを提出してもよい。

④遺言者の戸籍謄本（死亡を確認するため）

⑤預金通帳、証書

(4) 遺言書が有り、遺言執行者も有る場合

①払戻依頼書　遺言執行者の署名・捺印があるもの

②遺言執行者の印鑑証明書

③遺言書

④自筆証書遺言では、自筆証書遺言保管制度を利用されている場合を除き、家庭裁判所の検認済証明書が必要である。

公正証書遺言の場合には、正本か謄本かどちらを提出してもよい。

⑤遺言者の戸籍謄本（死亡を確認するため）

⑥預金通帳、証書

⑦遺言執行者が家庭裁判所で選任された場合には、その審判書謄本

第6節　簡便な払戻し手続

1、代理人による署名・捺印方式

払戻依頼書には、通常①遺産分割協議書が無い場合には、相続人全員の署名・捺印が必要となり、②遺産分割協議書が有る場合には、当該預貯金を承継すると記載されている相続人の署名・捺印が必要とされている。これらの場合に、①については相続人全員から、②については当該預貯金を承継する相続人から委任状を提出してもらい、払戻依頼書には、代理人のみが署名・捺印する簡便な払戻し手続きがある。

2、払戻依頼書と署名・捺印方法

金融機関が用意している払戻依頼書は、相続人全員又は当該預貯金を承継する相続人が署名・捺印する方式が一般的であり、行員もこの方式を求めることが多い（通常方式）。しかし、この方式によると、一通の払戻依頼書を、相続人全員又は当該預貯金を承継する相続人に持参するか回覧送付して、署名・捺印を依頼することになり、時間を要し途中で紛失する等の危険も多い。そこで相続人全員又は当該預貯金を承継する相続人から委任状を提出してもらい、払戻依頼書には、代理人のみが署名・捺印する方式（代理人署名方

式）が得策であり、お勧めである。

3、代理人による署名・捺印方式と実務

　　代理人による署名・捺印方式は、相続人全員又は当該預貯金を承継する相続人から委任状を提出してもらい、払戻依頼書には代理人のみが署名・捺印する方式である。この方式は大手金融機関をはじめ地方銀行、信用金庫等でも実務上認められている。但し窓口の担当者には理解できない者もいるので、その際は上役に代わってもらうか、相続専門部署に取り次いでもらう。

（1）代理人署名方式と実益

　　各相続人又は当該預貯金を承継する相続人は、委任状を提出すれば払戻依頼書に署名・捺印をする必要がないので、かなり負担が軽減される（金融機関が用意している払戻依頼書は、枠が狭く高齢者や脳梗塞等で手首の不自由な者等にとっては、かなりの負担となる）。代理人側にとっても、委任状を提出してもらえば、払戻依頼書を各相続人に持参し又は回覧送付して署名・捺印してもらう手間が省け便利である。

（2）払戻依頼書と記載例

　　文例1

　　　　相続人山田一郎、山田二郎、甲野三郎

　　　　　　上記代理人　　○○　　○○　　㊞

　　文例2

　　　　相続人山田一郎、山田二郎他10名

　　　　　　上記代理人　　○○　　○○　　㊞

（3）、払戻依頼書と添付書面

　①被相続人の出生から死亡までの戸籍（除）謄本

　②相続人全員の現在戸籍謄本

　③相続人全員からの委任状と印鑑証明書、又は当該預貯金を承継する相続人からの委任状と印鑑証明書

　④代理人の印鑑証明書

　⑤代理人の本人確認書類（運転免許証等）

第二編　相続業務　　105

4、振込み方法

　代理人による署名方式による申請の場合には、原則として代理人名義の「預り金口座」に一括して振込まれることになる。

実務のポイント　遺産整理受任者とは

　聞き慣れない文言ではあるが、「相続人から相続に関する一切の手続きの委任を受け、相続手続き全般を代理して行う者」をいう。ゆうちょ銀行、地方銀行、信用金庫等の払戻依頼書の「相続人関係者欄」には、代表相続人、相続財産管理人、受遺者、遺言執行者と並んで遺産整理受任者が明記されている。ちなみに、ゆうちょ銀行の「貯金等相続手続請求書」には、遺産整理受任者が、署名・捺印した場合には、代表相続人欄と相続人欄には、一切の記入が不要であると明記されている。

コラム　店舗の選択

　各金融機関は、取引店のみならず、どこの本・支店窓口でも対応してくれる仕組みになっているが、筆者は原則として生前に取引していた店舗に出向くことにしている。JA、信用金庫、信用組合、地方銀行等の地域密着型の金融機関の場合は特にそうである。以前取引のあった店舗で手続きを進めた方が親身に対応してくれ便宜も図ってくれるので安心感がある。また貸金庫の開扉、投資信託の解約手続き、借入金がある場合には、取引店舗でなければ対応してくれないので多少遠くても取引店舗に足を運んだ方が、その後の手続きがスムーズに運ぶ。また、来客用ロビーに展示されている信託や相続税等の各種パンフレットを目にすることで新しい情報を取得することもできる。手間・暇を惜しんではならない。

第7節　株式の移管手続

　株式の相続手続きは、被相続人の証券口座にあった株式を、承継する相続人の証券口座に移し替える移管手続きであることが特徴である。相続手続きが終了すると、株式を引き継ぐ相続人の証券口座に移管されて終了となる。その後、その株式を代表相続人等が売却する行為は、相続手続きとは別個の取引行為である。

1、残高証明書の請求（注）

　①相続人の死亡の記載がある戸籍謄本
　②相続人と依頼者の関係がわかる戸籍（除）謄本
　③委任状と委任者の印鑑証明書
　④代理人の印鑑証明書
　⑤代理人の本人確認書類（運転免許証等）
　（注）残高証明書を請求する際に、「相続手続依頼書」および「証券総合取引申込書」を取得する。同時に各証券会社固有の説明書を取得すると後で参考になる。

2、相続手続依頼書と代理人による署名・捺印方式

　一般的には、相続人全員が一通の用紙に署名・捺印することが要求されているが、（預貯金の払戻し手続きと同様に）相続人全員から又は遺産分割協議書に当該株式を承継すると記載された相続人から委任状を提出してもらい、代理人のみが署名・捺印する方式が便利で効率的である。

3、相続手続依頼書と添付書類

　①被相続人の出生から死亡までの戸籍（除）謄本
　②相続人の現在戸籍謄本
　③相続人全員の委任状
　④相続人全員の印鑑証明書
　⑤代理人の印鑑証明書
　⑥代理人の本人確認書類（運転免許証等）

4、証券口座の取得手続

（1）株式の相続手続は、被相続人の証券口座内の株式を相続人の証券口座に移管する手続きであるので、移管先の口座情報が必要となる。

承継する相続人が証券口座を有していない場合には、その者の名義の証券口座を新しく開設するため、証券総合取引申込書に下記の書類を添付して提出する。

①マイナンバーカードの写し

②本人確認書類（運転免許証等）

（2）後日、承継する相続人名義の証券総合取引口座開設のお知らせが届く。新規口座の開設のため、証券会社の担当者から、電話ないし面談により金融取引に関する説明（リスク等の説明）を受けることもある。

5、手続き終了の案内

提出書類の確認後、移管手続きが完了して手続き終了の通知が届く。これで株式の相続手続きは終了となる。その後の売却手続きは、通常の証券取引となり相続手続きとは直接関係はない。（注）

（注）株式の売却手続き

売却まで依頼されている場合は、売却日時と売却方法（指値注文か成行注文か）の選択を承継相続人に確認後、証券会社へ売却を申し込み、売却金が承継相続人の証券口座に振り込まれることになる。

第8節　遺産分割前の預貯金債権の行使

預貯金債権が、遺産分割の対象に含まれるとの平成28年最高裁大法廷決定を受けて、葬儀費用、医療費等当面の生活費、被相続人が負っていた債務の弁済の資金需要に迅速に対応するために、遺産分割前における預貯金債権の払戻しの制度を新設（民909条の2）し、令和元年（2019年）7月1日より施行された。

1、金融機関に対する払戻し請求

（1）単独で払戻しができる額

相続開始時の預貯金額×3分の1×法定相続分

（2）払戻しを受けることができる金額の上限

・同一の金融機関（同一の金融機関の複数の支店に相続預金がある場合にはその全支店）からの払戻しは150万円まで

・数口の口座（普通預金と定期預金等）が存在する場合は、合計で150万円まで

・いずれの預貯金からいくら払戻し請求するかは、各相続人の判断による。

（3）払戻しの効果

一部分割により取得したものとみなすという法的構成を採用した。後の遺産分割で清算を要することとなる（民909条の2後段）。

2、計算問題事例（法定相続分は2分の1とする。）

A銀行に普通預金600万円、定期預金1,200万円があった事例

①相続開始時の債権額の3分の1に法定相続分を乗じた額

個々の預貯金債権ごとに判断する。

・普通預金　　600万円　×　1／3×1／2　＝100万円

・定期預金　1,200万円　×　1／3×1／2　＝200万円

②一つの金融機関から払い戻しを請求する上限　（150万円）

③150万円に達するまで、どの口座からいくら払い戻し得るかは、請求する相続人の判断に委ねられる。

・普通預金から　80万円と　定期預金から　70万円　可

・普通預金から100万円と　定期預金から　50万円　可

・定期預金から　　　　　　　　　　　150万円　可

3、必要書類

遺産分割前の相続預金の払戻制度を利用するに当たっては、以下の書類が必要となる。

①被相続人の出生から死亡するまでの戸籍（除）謄本

②相続人全員の現在戸籍謄本

第二編　相続業務　　109

③預金の払戻しを希望する者の本人確認書類及び印鑑証明書

実務のポイント　遺言書の存在が不利益に働く事案

　　預貯金を甥・姪4人に均等に分割する内容の遺言で、遺言執行者から、業務の全部を委任され著者が、遺言執行者代理人として、葬儀費用と医療費等を立替えた2人の遺言相続人のために、民909条の2を根拠に金融機関に300万円請求した。

　　「支店長決済事項なので数日内に払戻しできますよ」との言質を得たが、後日遺言書の存在を理由に支払いを拒否された。遺言書がある場合には、後日のトラブルを避けるために、本制度を認めない金融機関が多いようである。(注1)(注2)

(注1) ちなみに全国銀行協会のパンフレットには、「遺言相続のためにこれらの制度を利用できない場合もありますので、お取引金融機関にお問合せ下さい」と注意喚起している。

(注2) 民909条の2は、その文言上「遺産に属する預貯金債権」を対象としている。したがって、ある預貯金債権が遺贈の対象となった場合には、遺産に属しないことになる（民985条①）から同上の規定による払戻しの対象にならないのが原則である。

　　　　　　　　　　　　（『一問一答新しい相続法』商事法務 2019 年 p79）

実務のポイント　生活保護受給者への対応

　　相続手続中に、相続人の一部から生活保護受給の事実や遺産取得に伴う支給停止への不安を耳にすることがある。生活保護は、その利用し得る資産等を利用したうえで、その不足分を補う程度において行うものとされているので、高額不動産の取得や多額の預金額の受領により、停止や取消しの可能性も出てくる。行政書士の姿勢としては、生活保護が継続できるような遺産分割案を提案して、ケースワーカーと相談するように指導することが基本である。ときには、隠匿のためか相続預金を振込みではなく現金で直接手渡してほしいとの要望が出されることもある。

9 章
不動産の承継手続
—登記申請サポートと相続登記の義務化—

第 1 節　行政書士と登記申請サポート

　不動産登記の申請手続きは、司法書士の専管業務であるが、相続人の中には、自分で名義変更手続きに挑戦したいとか、経済事情により司法書士へ依頼できない者もいる。申請書の作成方法、必要な添付書面、費用等を質問されることも多いが、法務局のホームページ等に掲載されている程度の市民法的知識を、わかりやすく伝えることは街の法律家たる行政書士の義務といえる。申請書の作成等は、法務局での登記相談員の利用を勧めることになるが、基本的知識とポイントだけは正確に押さえておかないと、相談者からの満足と信頼を得ることはできない。

第 2 節　遺産分割と登記

　遺産分割による承継が生じる場合としては、協議による場合と遺言による場合がある。協議による場合の不動産の得喪・変更について、判例は民法 177 条の適用があり、分割により法定相続分と異なる権利を取得した相続人は、その旨を登記しなければ第三者に対抗できないと判示している（最判昭 46. 1. 26）。遺言による権利の承継については、平成 30 年（2018 年）7 月 6 日の相続法の改正により、法定相続分を超える権利を承継した者は、当該超える部分については、登記、登録その他の対抗要件を備えなければ第三者に対抗できないとされた（民 899 条の 2）。

重要判例 14 遺産分割と登記　最判昭 46. 1. 26
　相続分と異なる不動産持分を取得した相続人は、登記を経なければ、第三者に対抗できないとした事例

（判　旨）

遺産の分割は、相続開始の時にさかのぼってその効力を生ずるものではあるが、第三者に対する関係においては、相続人が相続によりいったん取得した権利につき、分割時に新たな変更を生ずるものと実質上異ならないものであるから、不動産に対する相続人の共有持分の遺産分割による得喪変更については、民法177条の適用があり、分割により相続分と異なる権利を取得した相続人は、その旨の登記を経なければ、分割後に当該不動産につき権利を取得した第三者に対し、自己の権利の取得を対抗することができないものと解するのが相当である。

第3節　相続登記の申請と必要書類

1、登記原因証明情報として
①被相続人の出生から死亡するまでの戸籍（除）謄本
②被相続人の住民票の除票
③相続人全員の戸籍謄本
④遺産分割協議書
⑤相続人全員の印鑑証明書
2、不動産を取得する相続人の住民票の写し
3、登録免許税算出のための、固定資産評価額証明書
4、司法書士への委任状
5、戸籍の附票（登記事項全部証明書の被相続人の住所と死亡時の住所が異なっている場合）

第4節　相続登記と費用

1、相続登記の申請を予定する者にとって、最大の関心ごとは費用がどれくらいかかるかである。相続登記と費用は、①登録免許税と②司法書士報酬に分けられる。

2、①登録免許税の計算式は、原則として固定資産評価額×1000分の4である。固定資産評価額は、市区町村役場の資産税課等で取得

することができるが、毎年4月以降に送付されてくる固定資産税納税通知書で知ることもできる。

②司法書士への報酬については、相続人や不動産の数、どの段階から依頼するか等によって変動がある。全体的な平均は、2018年実施の日本司法書士連合会の報酬アンケートによると6万円から8万円程度となっている。旧司法書士報酬規程も参考になる。

3、例えば不動産の評価額が2,000万円とすると、登録免許税が8万円、司法書士の報酬が仮に7万円とすると合計15万円かかることになる（これはあくまで参考金額で、実際の金額は依頼する司法書士によってことなる）。

第5節　相続登記の義務化

1、相続登記義務化の背景と対象

日本では所有者不明の土地が全体の約2割を占め、公共工事、再開発、災害の復興事業が円滑に進まなかったりすることが社会問題となっている。土地の所有者が不明となるのは、相続時に登記が行われないことが原因であることから、相続登記が義務化されることになった。相続により取得した土地・建物が対象となる。改正された不登法が、令和6年（2024年）4月1日から施行された。

2、相続登記義務化の内容

相続人は、土地・建物を相続で取得したことを知った日から、3年以内に相続登記をすることが法律上の義務となる。正当な理由がないのに相続登記をしない場合には、10万円以下の過料が課される。（注）

（注）正当な理由とは、相続人が極めて多数に上り、戸籍謄本等の収集や他の相続人の把握に多くの時間を要するケース等である。

3、施行日前の相続

注意したいのは、改正法の施行日前である令和6年（2024年）4月1日の以前の相続にも適用されることである。（注）

第二編　相続業務　113

施行日前の相続

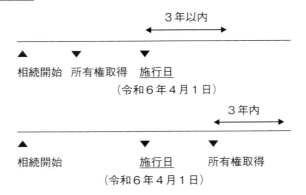

(注) 申請義務の要件を充たした日または施行日のいずれか遅い日から履行期間が進行する。

4、申請義務違反の手続
①登記官が、義務違反を把握した場合には、法務局から義務違反者に催告書が届く。
②催告書に記載された期間内に登記がされない場合に、登記官は、裁判所に申請義務違反を通知する。
③裁判所において、要件に該当するか否かを判断し過料を科する旨の裁判が行われる。

第6節　相続人申告登記 ―登記が間に合わない場合の対策―

1、相続人申告登記制度の概要

遺産分割協議が合意できない等、登記が間に合わない場合の対策として、改正法は相続人申告登記を創設した。これを利用することで罰則の適用を免れることができる。

(1) 申告の申出と内容

相続人申告登記は、相続によって不動産を取得した相続人自身が、相続登記の申請義務の履行期間内（不動産を取得した相続人が、その取得を知った日から3年内）に、登記官に対し行う。申告

をすると、登記官が審査を行い、相続人の住所氏名を登記簿に付記する。

(2) 申出手続と特徴

①特定の相続人が、単独で申出できる（他の相続人の分も含めた代理申出も可）。

②申出手続において、押印や電子署名は不要である。

③オンラインによる簡易な申出ができる。

④専用のソフトウェアを利用することなく Web ブラウザ上で手続きが可能である。

⑤法定相続人の範囲及び法定相続分の割合の確定は不要である。

(3) 申出手続と必要書類

①申告登記の申出書

②被相続人が亡くなったことがわかる戸籍（除）謄本

③申出人が相続人であることがわかる戸籍謄本

④相続人の住民票

(4) 相続人申告登記の効果

相続人申告登記は、相続登記ではない。罰則回避のための、とりあえずの便法手段である。

①亡くなった当時の相続人がわかるだけで、誰がその不動産を相続したかは不明である。

②登記識別情報は交付されず、不動産を売却したり、担保に入れたりすることはできない。

2、住所氏名の変更登記申請と義務化

所有権の登記名義人の氏名もしくは住所について変更があったときは、その変更の日から 2 年以内にその変更登記の申請が義務付けられた。

正当な理由がないのに、その申請を怠ったときは、5 万円以下の過料に課せられる。

3、所有不動産記録証明制度

登記官において、特定の者が所有権の登記名義人として記録され

第二編　相続業務　　115

ている不動産を、一覧的にリスト化し証明する制度を新設した。何人も自らが、所有権の登記名義人として記録されている不動産について、証明書の交付を請求することができる。

コラム　能登半島地震と被災家屋の解体

　令和6年（2024年）1月の激震で被害を受けた奥能登の市町では、所有者不明のため壊れた家屋の公費解体が遅れているとの報道もなされていた。環境省と法務省は、倒壊や焼失などで建物としての機能が失われている場合には、所有者全員の同意がなくても、市町村の判断で解体・撤去（公費解体）ができるとし、関係自治体に通知した（令和6年5月28日）。通知では、建物の機能が失われた家屋は、所有権が消滅するとし、所有者が複数でも一人の申請で公費解体を進められることや、法務局が職権で登記を閉鎖する「滅失登記」が可能なことを明確化している。

10 章
相続土地の国庫帰属制度

第1節　相続土地の国庫帰属制度について

　人口の減少・高齢化の進展などを背景に、土地の利用ニーズが低下する中で、土地を相続したものの、土地を手放したいと考える者が増加している。また、相続により取得した土地所有者の負担感も増加しており、土地管理の不全化を招いている。所有者不明の発生を抑えるため、相続や遺贈により土地の所有権を取得した者が、土地を手放して国庫に帰属させることを可能とする相続土地国庫帰属法が制定され、令和5年（2023年）4月27日から施行された。（注）

　（注）相続土地の国庫帰属制度は、相続を原因とする承継帰属とは異なり、法律による国庫への帰属であるが、相続した土地の帰属であるので、便宜上ここに位置づけることにする。（筆者）

第2節　申請権者

1、相続や遺贈により、土地の所有権を取得した相続人である。ただし遺贈は、相続人に対する遺贈に限られる。

2、土地が共有地である場合には、相続や遺贈によって持分を取得した共有者全員で申請する。他の共有者については、相続以外の原因により持分を取得した場合であっても申請することができる。

3、売買等によって、任意に土地を取得した人や法人は対象にならない。

4、施行日前令和5年（2023年）4月27日に、土地を相続や遺贈により取得した者も申請できる。

5、承認申請の任意代理は認められない。
　法定代理人（未成年者、成年被後見人）を除き、本人以外の申請は認められない。

第二編　相続業務　　117

実務のポイント　行政書士による作成代行と不服申立の代理

①申請書等の作成が困難な場合には、第三者の専門家に作成代行を依頼できる。

②承認申請書類の作成を、業務として代行することができる資格者は、弁護士、司法書士および<u>行政書士</u>に限られる。

③審査請求の手続きについては、行政不服審査法の規定により行うものとされている。申請が不承認となった場合の不服申立手続代理については、<u>特定行政書士</u>であれば申立てができる。

第3節　土地の要件

通常の管理又は処分をするに当たって、過大な費用や労力が必要となる下記の土地については対象外となる。

①建物、工作物、車両等がある土地

②抵当権等担保権が設定されている土地

③通路など他人による使用が予定されている土地

④土壌汚染や埋設物がある土地

⑤境界が明かでない土地

⑥その他

　危険な崖がある土地、土地の通常の管理または処分を阻害する工作物、車両、樹木が地上に存する土地等

第4節　申請方法と審査手数料

1、申請書類の提出

・申請者または法定代理人が、法務局本局で申請する。支局・出張所では申請できない。

・家族など使者が提出することもできる。

・郵送によることもできる。

2、審査手数料

申請時に審査手数料を納付する。

（土地一筆当たり1万4千円）

第 5 節　添付書面

「必須書面」
（1）承認申請に係る土地の位置および範囲を明らかにする図面
（2）承認申請に係る土地と当該土地に隣接する土地との境界点を明らかにする写真
（3）承認申請に係る土地の形状を明らかにする写真
（4）申請者の印鑑証明書
（5）相続人が遺贈を受けたことを証する書面
（6）土地の登記名義人から、相続または一般承継があったことを証する書面
「任意書面」
（1）固定資産税評価額証明書
（2）承認申請土地の境界等に関する資料等

第 6 節　承認申請手続と審査の流れ

（1）申請手続
・承認申請は、管轄する法務局の本局に対して行う。
・承認申請者は、相続土地国庫帰属法 3 条 1 項定める事項を記載した承認申請書を提出する。

（2）調査権限等
・事実の調査（相続土地国庫帰属法 6 条）
・資料の提供要求等（相続土地国庫帰属法 7 条）

（3）審査の流れ
書面審査
　　　↓
国や地方公共団体等に対する情報提供
　　　↓
実地調査、関係行政機関の長等への協力の求め
　　　↓

却下処分、不承認処分
↓
承認に関する意見聴取
↓
承認処分、承認通知
↓
負担金の額に関する通知

第7節　負担金

　国庫への帰属について承認を受けた場合には、負担金（10年分の土地管理費相当額）を納付する。宅地の場合、原則は20万円であるが、土地の種目や土地が所在する地域に応じて、面積単位で負担金を算定する場合もある。

実務のポイント　所有者の一方的意思表示と土地所有権の放棄

　　所有権の一方的な意思表示によりなされる、土地所有権の放棄の可否については、明文規定がない。また、確立した最高裁判例も存在しない。今後は解釈に委ねられるが、相続土地の国庫帰属制度の創設により、否定する解釈が有力になるのでは？

コラム　相続と川柳

　相続は、人間の欲望、嫉妬、妬み等心の領域が多く絡むので、川柳では絶好の素材となる。

　・バカ息子　この時ばかりは　知恵を出し

　・法律に　詳しい叔父が　出て揉める

　・土地よりも　相続したい　母の味

・昨日まで　仲良き姉妹が　敵味方

・戻りたい　おやつを分けた　あの頃に

第 三 編

遺言業務

1章
遺言の基礎知識

第1節　　遺言書の作成と功罪

　高齢化社会が進む中で、相続が大きな社会問題になってきているが、その相続制度の基幹部分を支えて、紛争防止に役立つのが遺言制度である。行政書士として、遺言制度を十分に活用し紛争防止に寄与することは大きな社会貢献となる。他方、遺言書を作成したばかりに、後日、遺言内容に対する不満や、遺留分侵害に係る新たな紛争が勃発することも多い。

第2節　遺言の自由とは

1、遺言者の最終の自己決定意思を尊重することを「遺言の自由」という。ただし公序良俗違反の遺言は無効である。

2、遺言は、いつでも遺言の方式にしたがって、その遺言の全部又は一部を撤回できる（民1022条）。（注）

（注）撤回される遺言と同一の方式でなくともよい。公正証書遺言を自筆証書遺言の方式で撤回することもできる。ただし、公正証書遺言を自筆証書遺言の方式で撤回する場合は、自筆証書遺言の作成上の不備で撤回の効力が生じないリスクもあるので、撤回の遺言は公正証書遺言で作成すると安心である。

第3節　遺言能力

1、意思能力と遺言年齢

　遺言も意思表示による法律行為であるから、意思能力のない者のした遺言は、無効である。民法は15歳を遺言能力の標準として、15歳未満の遺言はすべて無効とした（民961条）。

2、遺言能力を有すべき時期

遺言者が遺言書を作成する時に遺言の能力を持っている限り、遺言の効力発生時にその能力を失っていたとしても、遺言の効力に影響しない（民963条）。

3、認知症患者と遺言能力

いわゆる認知症といわれる患者であっても、一律に無効ということはできず、心身の状況、遺言の内容、作成にいたる動機等を総合的に考慮して判断すべきである。妻にすべての財産を相続させる内容と、複雑な分割事案とでは、遺言能力の程度に相違があることに留意すべきである。

重要判例15 遺言の解釈　最判昭58・3・18

（判　旨）

遺言書の解釈にあたっては、遺言書の文言を形式的に判断するだけではなく、遺言者の真意を探求すべきである。遺言書が複数の条項からなる場合に、そのうちの特定の条項を解釈するにあたっても、単に遺言書から当該条項のみを他から切り離して抽出し、その文言を形式的に解釈するだけでは十分でない。遺言書の全記載との関連、遺言書作成当時の事情および遺言書のおかれた状況などを考慮して、遺言者の真意を探求し、当該状況の趣旨を確定すべきである。（注）

（注）近時は、遺言書の最終意思を尊重し、できるだけ実現する方向に解釈する傾向が強いが、判例も同じ考え方である。

第4節　遺言事項の分類

相続に関する事項と相続以外の遺産の処分に関する事項に分類される。

1、相続に関する事項

（1）相続分の指定（民902条）

遺言者は、遺言によって法定の相続分と異なる内容の相続分を、

第三編　遺言業務　　125

指定することができる。その指定があった部分については、法定相続分の割合は適用されず、遺言で指定された割合の相続分による。

(2) 遺産分割方法の指定（民 908 条）

分割の基準を示すもので、原則として遺産分割手続きが必要である。

①現物分割
②価格分割
③代償分割
④共有分割

(3)「相続させる」旨の遺言（民 1014 条②）

特定の遺産を特定の相続人に「相続させる」旨の遺言も分割方法の一種とされているが、直接的に権利移転の効力を生じ、対象物件については、遺産分割手続きは必要ない。

2、相続以外の財産の処分に関する事項

(1) 遺贈（民 964 条）

・包括遺贈
・特定遺贈

(2) 財団法人設立のための財産の拠出（一般法人 157 条）

(3) 信託の設定（信託法 2 条）

第 5 節「相続させる」旨の遺言の法的性質

特定の財産を、特定の相続人に、「相続させる」という文言の法的性質については、遺産分割方法の指定とする見解と遺贈とする見解の対立があった。最高裁判所は、遺贈と解すべき特段の事情がない限り、遺産分割方法の指定（民 908 条）であると判示してこの論争に終止符を打った。

| 重要判例 16 | 「相続させる」旨の遺言の解釈　最判平 3・4・19

（判　旨）

特定の遺産を特定の相続人に「相続させる」という遺言は、①遺言

書の記載から、その趣旨が遺贈であることが明らかであるか又は遺贈と解すべき特段の事情がない限り遺贈と解すべきではなく、②特定の遺産を、特定の相続人に単独で相続により承継させる遺産分割方法の指定（民 908 条）であり、③遺言において、相続による承継を、当該相続人の受託の意思にかからせたなどの特段の事情のない限り、何らの行為を要せず、被相続人の死亡時（遺言の効力発生時）に、直ちに当該遺産が当該相続人に相続により承継され、④当該遺産については、遺産分割の協議又は審判を経る余地はない。（注）

（注）この判決の特徴は、遺産分割協議を必要としないこと、当該遺産が被相続人の死亡と同時に直ちに当該相続人に承継されるとした点である。以後の判決のリーディングケースとなった最重要判例である（①から④の数字は筆者が付記したものである）。

第 6 節　包括遺贈と特定遺贈

1、包括遺贈

　包括遺贈とは、遺贈の目的物の範囲を、相続財産の全部または相続財産に対する一定の割合をもって表示する遺贈である。包括受遺者は、相続人と同一の権利義務を有し、相続の承認や放棄、遺産分割等の規定が適用される（民 990 条）。

①全部包括遺贈

　遺言者は、その所有する財産全部を、包括して長男の妻○○　○○に遺贈する。

②割合的包括遺贈

　遺言者は、その所有する財産のうち 3 分の 1 を、長男の妻○○○○に遺贈する。

2、特定遺贈

　特定遺贈とは、特定の財産、個々の物件を指定してする遺贈である。特定遺贈は遺言者の別段の意思表示がない限り債務を承継しない。

①遺言者は、その所有する下記土地を友人○○　○○に遺贈する。

②遺言者は、債務者○○　○○に対して有する令和　年　月　日に貸し付けた金500万円の貸付債権を、長男○○　○○に遺贈する。

3、包括遺贈の選択とメリット

　包括受遺者は、相続人と遺産分割協議に参加して遺産分割協議をする必要がある。後に遺産分割協議を行わなければならない包括遺贈では、遺言書を作成した意味がないように思われるが、下記の場合等は包括遺贈を選択するメリットがある。

①遺言者自身が、どれだけ財産を持っているか把握していない場合

②相続時点で、所有している財産の予測がつかない場合

③受遺者自らが、遺産分割協議に参加して取得する財産を決めてほしい場合等

第7節　予備的遺言と付言事項の活用

1、予備的遺言

　遺言者の死亡以前に相続人又は受遺者が死亡したときは、その効力を生じない（民994条①）ので、遺言書の書き換える手間を省くために、予備的遺言事項を入れておくと便利である。

（文　例）

遺言者は、遺言者の死亡以前に妻山田　花子が死亡したときは
妻山田　花子に相続させるとした遺産は、遺言者の甥山田三郎に遺贈する。

2、付言事項

　法的な効果はないが、付言事項を入れることにより、相続人間の感情の対立を緩和したり、遺言内容の不満を和らげたり、生前に世話をかけた人に対する感謝の意を表すことできる。特に分割内容に差を付けた理由（生前贈与等）を具体的に記載した付言事項は効果があるが、抽象的な文言だけでは効果が薄いように感じる。

コラム 　**筆者の心に沁みた父の付言事項**

妻　花子へ　長い間私のような我儘な人間に付き合ってくれてありが
　　　　　とう！
　　　　　心より感謝しています！

長男一郎と次男二郎へ
　　　　　君たちに満足な施しをしてあげられなくて申し訳ない！
　　　　　生活に追われながらも私なりに努力をしたつもり！
　　　　　弁解がましいことを言うようだがすまぬ！
　　　　　君たちも私の年齢になってくれればきっと理解してくれ
　　　　　ると思う！

長男一郎へ　お母さんをよろしく頼む！！
　　　　　　　　　　　　　　　　　　　　　　　　　　父より

第8節　遺言書作成が特に必要とされる事案

①子供がいなので、配偶者に全ての財産を相続させたい場合。（注）

②子供たちの仲が悪いので、あらかじめ財産分けを決めておきたい場
　合（先妻の子と後妻の子がいる場合は特に）。

③子供たちの中に特に援助したい子がいる場合（障害者、病弱な子、
　独身の子等）。

④家業を継ぐ子に財産を継がせたい場合。

⑤長年介護してくれた長男の嫁に、又は内縁の妻に財産を残したい場
　合。

⑥被相続人を虐待し、又は著しい非行があった推定相続人を廃除した
　い場合。

⑦子を認知したい場合。

（注）子供がいない相続では（直系尊属もすでに死亡している場合が
　　多く）、相続人は兄弟姉妹となる。兄弟姉妹が死亡している場合
　　は、甥・姪が相続人となるが、被相続人との親密度が薄く協議で合
　　意を得ることが難しい場合が多く、遺言書を作成しておくことの意
　　味は非常に大きい。兄弟姉妹には遺留分がないのであるからなおさ

らである。

実務のポイント　最後の社会貢献—遺贈寄付—

　終活の拡がりや単身者世帯の増加等を背景に、自己の財産を「社会に役立てたい」、「自分の想いを次世代に残したい」との高齢者が増加してきている。相談を受けた場合には、まず本人の想いと希望をどのような分野で実現したいか（福祉、芸術、科学、教育、趣味等）を聞き取り、次に遺贈先が、安心・信頼できる実績のある確かな人・団体かを確認する必要がある。筆者は、遺贈者が、「遺贈先がわからない」といった悩みを抱いている場合には、「一般財団法人あしなが育英会」を紹介することにしている。親が病気・交通事故・自死等で亡くなった遺児の教育支援をしている信頼できる一般財団法人であるが、遺児達の「学びたい、勉強したい、進学したい」との強い思いに、少しでも役に立ちたいからである。

コラム　遺言騒動あれこれ

1、若、貴騒動（ビデオによる遺言）

　平成17年6月1日の毎日新聞には、＜若、貴亀裂＞「理想の兄弟もう戻れず？」との見出しを付け、二子山親方の遺産相続の紛争を報じていた。二子山親方が遺言書を残していれば兄弟の絆は、従来どおり維持された可能性は大であった。ビデオによる遺言書が残されていたそうだが、ビデオやテープによる遺言は、法律上遺言とは認められないので書面で作成しておくべきだった。相撲界には身近に助言する者がいなかったのであろうか。

2、「一澤帆布工業」事件（老舗の事業承継騒動）

　京都を代表する老舗人気かばんメーカー「一澤帆布工業」で、会長が死去し2通の自筆証書遺言が出てきた。最初の遺言は、社長たる三男に株を遺贈するという内容で、後の遺言は、長男に株を遺贈するというものであった。「後の遺言書の無効確認」を巡り、最高裁まで2度も争わ

れた。当初の訴訟では、三男が原告となり争ったが、最高裁で敗訴した。第2回目の訴訟（三男の妻が原告）で、後の遺言は偽物で無効とされ、原告が勝訴した。その結果、三男と妻は「一澤帆布工業」の経営に返り咲き一澤帆布ブランドが復活したが、兄弟間で長期間争って得たものは何だったのだろうか。費やしたお金、失った時間、お客に対する信用等は、いかばかりか計り知れない。弁護士さんだけが良い思いをしたのかもしれない。

3、紀州のドン・ファン騒動（遺贈寄付）

　和歌山県田辺市の会社経営者が、多額の遺産を残し2018年5月に死亡した。赤のサインペンで「全財産は、田辺市にキフする」と書き残していた。田辺市は文書に法的効力があると判断し、遺産を受け入れると表明したが、実兄らは自分の意思で作成したとは考えられないとして、遺言書の無効確認を求めて和歌山地裁に提訴した。

　奔放な生き方で紀州のドン・ファンと称された遺言者も、人生の終番にさしかかり、故郷への恩返しの思いが強くなったのか、又は税金対策であったのか。

　令和6年6月21日、和歌山地裁は、「本人固有の筆跡あるいは癖が認められることから、遺言書に記載された文字の筆跡は、本人の筆跡であると認めて相違ない」と指摘したうえで、長年にわたって田辺市に1000万円を超える寄付を行い寄付を継続する意向を示すなど、その一連の言動は市に遺贈するという内容と矛盾しないとして、遺言書を有効とし、親族の訴えを退ける判決を言い渡した。

4、小林一茶と骨肉の争い（昔も今も）

　小林一茶こと弥太郎と弟・弥兵衛の家産分割騒動は、200年前の江戸時代・信州信濃の山奥で実際にあった歴史的事実である。故郷の生家に残って両親を最後まで看取った弟・弥兵衛が、葬儀で帰郷した兄・小林一茶こと弥太郎から、突如、遺産相続を要求され骨肉の争いになったという実話である。10年余を費やし両人が和解して決着したが、俳壇では、芭蕉、蕪村と並ぶ地位にありながら、なぜ、家督相続では兄弟間で長期間の骨肉の争いをしたかは摩訶不思議である。

2章
共同相続による権利承継と対抗要件
―特定財産承継遺言への対応―

第1節　共同相続における権利承継と対抗要件

1、はじめに

　　令和元年（2019年）7月1日施行の相続法改正で、見落としがちな重要事項は、共同相続における権利承継と対抗要件の問題である。一部週刊誌等で、相続は「早いもの勝ちに」変わったとか、「最大の抜け穴を見つけた」とか「遺言の効力が著しく低下する」とか言われていたのがこの分野である。今回の相続法の改正では、配偶者居住権の新設や夫婦間における居住用不動産の贈与等に関する優遇措置が注目されがちであるが、相続手続きや遺言書作成支援に係る我々行政書士にとってこの問題は、実務上での対応策に重大な変化が生ずる極めて重要な改正事項であることに注目すべきである。

2、改正内容と理由

　　今回の相続法の改正では、対第三者の関係においては、<u>法定相続分を超える権利を承継した者は、当該超える部分について</u>、「登記、登録その他の対抗要件を備えなければ第三者に対抗できないとされた（民899条の2）。改正理由は、法定相続分による権利の承継があると信頼した第三者の不測の損害を防止し取引の安全を守るためである。又実体的な権利関係と公示の不一致を避け登記制度の信頼を確保する要請もある。

3、遺産の承継と対抗要件

　　相続による遺産の承継が生じる場合としては、協議による遺産分割と遺言による財産処分があるが、協議による遺産分割の場合は今回の相続法の改正前から、判例（最判昭46．1．26）は、相続財産中の不動産の得喪・変更については、民法177条の適用があり、

分割により法定相続分と異なる権利を取得した相続人は、その旨を登記しなければ第三者に対抗できないと判示していた。<u>問題は、遺言による財産処分である。</u>

第2節　遺言による財産処分と対抗要件

1、遺言による財産処分がされた場合としては、①遺贈（財産の無償譲与）の場合（民964条）、②相続分の指定の場合（民902条）、③遺産分割の方法の指定の場合（民908条）がある。①遺贈の場合は、意思表示による特定承継であることから、判例は遺贈による権利の取得については登記がなければ第三者に対抗することができないとされていた（最判昭39.3.6）。

　これに対して②相続分の指定と③遺産分割の方法の指定については、今回の相続法改正前は、相続を原因とする包括承継であるため対抗要件を具備しなくてもその権利の取得を第三者に対抗することができると判示していた。しかし今回の改正後は、②相続分の指定の場合と③遺産分割の方法の指定の場合についても、対抗要件を備えなければならなくなった点に注意が必要である。

2、相続分の指定と対抗要件

（事　例）

> 被相続人には長男Aと二男Bがいる。被相続人は、「長男Aの相続分を4分の3と指定する」とした遺言を残していた。二男Bは、長男が登記を備える前に、法定相続分の登記を済ませ、自己の持分（4分の2）を第三者Cに売却した。

「改正前」
　長男Aは、指定相続分（4分の3）を、遺言による相続登記なくして、Cに対抗できた。
「改正後」
　長男Aは、法定相続分を超える権利については、遺言による相

続登記を備えなければ、第三者Cに対抗できない。

3、特定財産承継遺言と対抗要件

改正後、特に注意を要するのは、特定財産承継遺言と対抗要件の問題である。

なお改正法は、遺産分割方法の指定と解される「相続させる旨」の遺言を、特定財産承継遺言と呼ぶことにした（民1014②）。

（事　例）

> 被相続人には長男Aと二男Bがいる。被相続人は、「甲不動産を長男Aに相続させる」とした「遺言」を残していた。二男Bは、この遺言の存在と内容を知っていながら法定相続分による相続登記を済ませ、第三者Cに自らの持分を売却した。長男Aは、甲不動産の所有権取得をCに主張できるか。

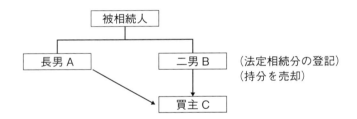

「改正前」

相続は、包括承継であることを理由にして、長男Aは、遺言による相続登記なくして所有権取得を第三者Cに対抗できた。

「改正後」

長男Aは、Cより先に遺言に基づく相続登記を備えなければ、所有権取得を第三者Cに対抗できない。

4、特定財産承継遺言と対抗要件―実務上の対応策―

① 何らかの方法で死亡情報を一日でも早く知ることが重要となる（従来の忌明けとなる四十九日を過ぎてから開始するとの常識が通用しなくなった）。

② 遺言執行者に就任している場合は、いち早く各相続人に遺言の内容と遺言執行者就任通知を送付して、遺言に基づく相続登記を実行することが要求される。（注）

（注）相続法改正施行日前に作成された遺言でも、相続法改正施行日後に相続が開始した場合には、相続法改正後の新法が適用されるので要注意である。令和元年（2019年）7月1日施行

第3節　債権の共同相続と対抗要件

1、受益相続人からの単独通知

　法定相続分を超える債権を承継した相続人（受益相続人）が、その債権にかかる遺言の内容または遺産分割の内容を明らかにして、債務者に通知した時は、共同相続人の全員が債務者に通知したものとされた（民899条の2②）。

2、通知方法

①遺言の内容または遺産分割の内容を明らかにして通知することが要件とされた。虚偽の通知がされることを防止するためである。

②債務者以外の第三者に対抗するためには、確定日付のある証書による通知が必要である。（注）

（注）確定日付の典型である内容証明郵便で通知するが、遺言の写しや遺産分割協議書を同封できないので、別便で送付するか、別途金融機関に提示する必要がある。

③遺言執行者が就任していれば、遺言執行者から通知することができる（民1014条②）。

3章
自筆証書遺言の作成支援
―自筆証書遺言の保管制度の活用―

第1節　自筆証書遺言の長所と短所

　自筆証書遺言は、いつでも手軽に作成でき、費用がかからず、秘密にできるという長所があるが、他方、変造・破棄や紛失の恐れがあるうえ、形式的な不備で無効になる可能性もある。しかし、公正証書遺言への繋ぎとして作成するのも意味があり、経済的時間的余裕がなく公証役場へ足を運べない者には便利である。また、平成30年（2018年）の民法改正により、財産目録作成の方式が緩和され使い勝手がよくなった。

第2節　作成手順

　①相談を受ける。
　　遺言内容をメモして、持参するように伝える。
　②面談をする。
　　作成動機とメモ内容を確認する。
　③行政書士が文案を作成し、承認を得る。
　④依頼者に文案を自書してもらう。
　　（文案を自宅に持ち帰り、自書してもらう方法でもよい）。
　⑤法的要件等をチェックする。
　　（ア）全文、日付、氏名を自書しているか。
　　（イ）捺印しているか。
　　（ウ）加除訂正方法は正しいか。
　　（エ）受遺者への文言の違いを表現しているか。
　　　・相続人には→相続させる。
　　　・相続人以外には→遺贈する。
　　（オ）託す、任せる、あげる、譲る、与える等の曖昧な文言は使用していないか。

（カ）内容が公序良俗に反していないか。

（キ）契印が押されているか。（2枚以上の場合）

⑥内容に記載漏れはないかを確認する。

・予備的遺言事項

・墓守等

・遺言執行者

・付言事項

重要判例17 他人の添え手による遺言の効力　最判昭62. 10. 8

（事　案）

自筆証書を書いたAは、当時白内障により視力が0.02しかなく、動脈硬化の後遺症によって手がひどく震えてほとんど字を書けない状態であった。そのため妻のBがAの手の甲を握り、Aの一字一句発する語句を二人で手を動かして書き上げた。

（判　旨）

遺言者が証書作成時に自書能力を有し、他人の添え手が、単に始筆若しくは改行にあたり若しくは字の間配りや行間を整えるため遺言者の手を用紙の正しい位置に導くに留まるか、または遺言者の手の動きが遺言者の望みに任されており、遺言者は添え手をした他人から、単に筆記を容易にするための支えを借りただけであり、かつ添え手が右のようなものに留まること、すなわち添え手をした他人の意思が介入した形跡のないことが、筆跡の上で判定できる場合には「自書」の要件を充たす。

第3節　用紙と筆記用具について

1、用紙について

横書用、縦書用を用意し選択してもらう。

2、筆記用具

太字、中字、細字の筆ペンやボールペンを用意し選択してもらう。

実務では、脳梗塞の後遺症等で手が硬直したり震えたりして、一人で文字を書くことができない事案に遭遇することも多々ある。これらにいかに対応するかが、行政書士の腕の見せ所でもある。

第4節　正しい訂正方法

　相続分に関する部分や作成日付等重要な文言については、訂正方法を誤ると遺言書全体が無効になる場合もあるので、書き直した方が安全である。他方軽易な間違いについては、訂正を指導した方が依頼者の負担は少なくなる。

　加除・訂正方法（民 968 ③）

（1）訂正箇所を抹消し、その上部または下部に正しい文言を記載し、
　　訂正箇所に押印する。
　　例　第5条3項　甲野　太郎に別紙四の（動　産）を遺贈する。
　　　　　　　　　　　　　　　　　　　　株　式㊞

（2）適宜の箇所に、訂正箇所と訂正した旨を記載して署名する。
　　例　上記第5条3項中　2字抹消　2字追加　　　　甲野　太郎

第5節　指導方針

　遺言者の負担を軽減させる工夫が大切である（途中で面倒になり中断した場面を何度も体験した）。

1、平易な遺産分割の内容を提案する。

2、易しい文言を選択する。

　　遺言者は、遺言者の有する下記不動産を、○○　○○に相続させる。

　　→私は、私の有する下記不動産を、○○　○○に相続させる。

3、文字は少なめに、用紙は一枚に収める。

4、財産の特定と表記は、「財産目録添付方式」を利用する。

5、実印で押印させる。

　　実印での押印を勧め、印鑑証明書を同封する。自分の書いたハガキを同封するのも有益である。これらは後日紛争になったときに、

証拠力に違いが出てくる。ただし、実印を紛失したとか、印鑑登録をしていない場合には、認印でも可とする。

6、遺言書を封筒に入れ、裏面にも署名と押印させる。

　封筒に入れないことを理由として遺言が無効となることはないが、封筒に入れることにより、偽造・変造のリスクが減少するので、封筒に入れ封印もした方がよい。

第6節　自筆証書遺言の方式緩和（民968条②　民968条③）

1、財産目録については、自書でなくても可能である（民968条②）。

　・パソコンでの作成、通帳や登記事項全部証明書のコピーの添付でもよい。

　・代理人による財産目録の作成でもよい。

2、自書によらない財産目録と署名・押印

　財産目録については、毎葉に、遺言者の署名・押印を要する（民968条②）ので注意が必要である。

第7節　よく見かける無効な遺言書の文例

①日付が特定できない遺言書

　令和5年12月吉日、令和5年12月大安、令和5年12月など

②連名の共同遺言書

　私達の財産は、全て長男山田一郎に相続させる。

　遺言者　山田　太郎　印

　遺言者　山田　花子　印

③書面によらない遺言

　ビデオレターによる遺言、音声による遺言

④意味が不明、曖昧な遺言

　下記不動産は、長男山田　一郎にまかせる（取得させるのか、管理を任せるのか不明である）。

⑤法的に問題のある遺言

・妻甲野花子が、私の墓に入ることを禁ずる。

・下記建物は、長男山田　一郎に相続させる。但し絶対に売却してはならない。

⑥寄与分の定め

下記建物は、寄与分として長女山田　花子に相続させる（寄与分は、本来共同相続人間の協議で定めるべきものであり、遺言者が定めることはできないので効力がない。）

コラム　遺言書の作成と切り出し方

遺言書作成支援は、行政書士の大切な仕事であるが、子供達から頼まれてその作成を親に勧めることはやめた方がよい。親からすれば子供達からましてや他人から、その死後の財産の処分について言われたくないのが本音である。筆者は、子供達から頼まれて、病床にある親にその意向を伝えたところ「先生、遺言を書く私の気持ちを少しでも考えたことがありますか」と涙声で問われ、茫然と立往生した場面を体験した。遺言はあくまでも主体的な意思のもとに作成されるべきであり、「書かされた遺言」は後に紛争が生じる原因ともなる。

第8節　遺言書の検認申立

1、検認申立の趣旨

検認とは、相続人に対し遺言の存在およびその内容を知らせるとともに、遺言書の形状、加除訂正の状態、日付、署名など、検認日現在における遺言書の内容を明確にして遺言書の偽造・変造を防止するための手続きである。遺言の有効・無効を判断する手続きではない。

2、申立人

・遺言書の保管者

・遺言書を発見した相続人

3、申立先

遺言者の最後の住所地の家庭裁判所

4、検認手続の流れ

①検認申立と検認期日の通知

検認の申立があると、裁判所は相続人に対し、検認期日の通知をする。申立人以外の相続人が検認期日に出席するかどうかは、各人の判断に任されており、全員が揃わなくても検認申立手続きは行われる。

②検認期日と検認

申立人から遺言書を提出してもらい、出席した相続人の立合いの下、裁判官が遺言書を開封し検認する。

③検認済証明書の申請

遺言の執行をするためには、遺言書に検認済証明書が付いていることが必要となるので、検認済証明書の申請をする。

5、添付書面

①遺言者の出生から死亡までの戸籍（除）謄本
②相続人全員の現在戸籍謄本

第9節　自筆証書遺言の保管制度の創設

自筆証書遺言は、他者による改変や捏造を防ぐという観点からはリスクが高く、また遺言書の存在に気付かないままに遺産分割を行うリスクもある。そこで自筆証書遺言の利点を損なうことなく、遺言書の紛失や改ざんを防ぐために、法務局が、自筆証書遺言を保管する制度を新設した（遺保法）。

1、保管申請の流れ

（1）遺言書の作成

法務省令で定める様式に従ったものでなければ、本制度は利用できない。

①用紙についても指定がある。

・サイズ：A4サイズ

・模様等：記載した文字が読みづらくなるような模様や彩色がな
　　　　いもの。
・余　　白：上下左右につき余白の指定がある。
②片面のみに記載する。
③各ページにページ番号を記載する。
④複数ページがある場合でもホチキス等で綴じない。
(2) 申請書を作成する。
　法務省のホームページよりダウンロード可能（手数料納付用紙を
含め5枚）。（注）
　（注）申請書や各種請求書等の書類については、司法書士等にその
　　作成を依頼することができる（法務省保管制度についてのQA）。
(3) 保管申請の予約をする。
　遺言者の住所地、遺言者の本籍地、遺言者が所有する不動産の所
在地のいずれかを管轄する法務局に予約する。
(4) 保管申請をする。
　本人出頭主義　（遺保法5条⑥）
　但し付添人が、介助等のために同伴することは差し支えない。
（法務省保管制度についてのQ&A）
(5) 添付書類
　本籍の記載のある住民票の写し
(6) 本人確認書類
　マイナンバーカード　運転免許証、運転経歴証明書、パスポート
等
(7) 手数料
　事前に収入印紙を購入し、手数料納付用紙に貼る。1通につき
3,900円。
2、保管証の受領とその役割
　遺言者の氏名、出生の年月日、遺言書保管所の名称及び保管番号
が記載されている。遺言者が、遺言書を法務局に保管していること
を相続人等に伝えておく場合にも利用でき、遺言書の閲覧、遺言書

情報証明書等の交付請求をする際にも便利である。

保　管　証	
遺言者の氏名	松戸　松男
遺言者の出生の年月日	昭和○○年○○月○○日
遺言書が保管されている遺言書保管所の名称	千葉地方法務局松戸支局
保管番号	H○○○○ - ○○○○○○ - ○○

上記の遺言者の申請に係る遺言書の保管を開始しました。

　　令和2年○月○○日遺言書保管官

　　　千葉地方法務局松戸支局　　　　　遺言書保管官

　　　　　　　　　　　　　　　　　　　○○　　○○

3、遺言書保管官の確認行為と保管申請の撤回

（1）遺言書保管官の確認行為

　　遺言書保管官は、遺言書が方式に適合するか否かについて、外形的な確認を行う。具体的には、日付および遺言者の氏名の記載、押印の有無、本文が手書きで書かれているか否か等を確認する。遺言書保管官は、遺言内容へのアドバイスはしない（公証人とは異なる）。

（2）保管申請の撤回（注1）

　　・いつでも、保管申請の撤回が認められている。

　　・遺言の効力とは関係はない。

4、閲覧請求

　　遺言者は、遺言書の閲覧の請求をして遺言書の内容を確認することができる。

　　①原本の閲覧

　　②モニターによる閲覧

5、遺言書情報証明書の交付請求（遺保法10条）

　　①遺言者の死後に限る。

　　②何人も請求が可。

　　③登記手続に利用できる。

第三編　遺言業務　　143

これまで検認済みの自筆証書遺言を提出することにより行っていたが、遺言書情報証明書によっても行うことができるようになった。

④金融機関でも利用できる。

6、遺言書保管制度と「通知」

（1）遺言書保管の通知（遺保法9条⑤）

遺言者の死亡後、相続関係人等がその遺言書を閲覧し又は遺言書情報証明書の交付を受けたときは、遺言書保管官が、その他の相続関係人等に対し遺言書が保管されていることを通知する（これによりその他のすべての相続人等に、遺言書の保管が伝わる）。

ただし、相続関係人等が閲覧等をしなければ、遺言者が死亡したとしてもこの通知は実施されない。

（2）指定者への通知の申出

遺言書保管官が、遺言者の死亡の事実を確認した場合には、あらかじめ遺言者が指定した者に対して遺言書が保管されている旨を通知する。保管申請書の「死亡時の通知対象者欄」に、受遺者、遺言執行者、推定相続人のうちから1名を指定する。（注）

（注）令和5年（2023年）10月2日から通知対象者を限定せずに、また人数も3人までに拡大する措置をとった。

実務のポイント　自筆証書遺言の保管制度と注意点

①利用促進と定着のためには、各種申請書の作成等を士業者がサポートすることが必要である。

②本人が出向く必要がある（代理人は立てられないので、歩行等の困難な方は利用できない）。

③法務局は、遺言者が死亡しても当然には遺言書の存在を知らせてくれない。

遺言書保管申請の際、「死亡時の通知対象者欄」で通知の申し出をしておくことが必要である。また、家族に遺言書保管証のコピーを渡しておくと、後日役に立つ。

コラム **初めての自筆証書遺言の保管申請**

　筆者は、何事も実践して現場を踏まなければ気が済まない性格なので、施行直後に自己の遺言書を作成し、地元の法務局で保管申請を体験してみた。感想は一言でいえば「想像していたより手間・暇を要し大変だ！」ということである。遺言書作成はともかくも、遺言書の各種保管申請書の作成は、手引書をよほど丹念に読み込まないと難しいとの印象を受けた。今後、高齢者等の申請を念頭におくと、この制度が定着するか否かは、行政書士をはじめとする士業者等が、原案作成、申請書作成、法務局への提出までいかにサポートできるかにかかっているような気がする。（注）

（注）各種の申請書に関して必要となる書類作成は、司法書士法第３条１項２号に定める「法務局又は地方法務局に提出する書類」に該当するため、司法書士の専業業務であるとするのが法務省民事局の見解だと仄聞しているが、今後利用を促進し定着させるためには、行政書士等他の士業者にも開放すべきである。

第三編　遺言業務　　145

4章
公正証書遺言の作成支援

第1節　公正証書遺言の勧め

　公正証書遺言は、法律専門家である公証人が作成するので、方式や内容で無効となることはまず考えられないし、保管も確実で偽造の心配もない最も安全確実な遺言である。他方で手数料がかかること、公証役場に出向く必要があること、証人2人を要する等の負担もあるが、依頼者には、特別の事情がある場合を除き、自筆証書遺言ではなく公正証書遺言の作成を勧めたい。

第2節　公正証書遺言の作成が特に必要な事案

　①遺産の分割方法が多岐にわたり複雑である。
　②遺産の種類が多く且つ多額である。
　③法解釈が分かれる、公序良俗に反する疑いがある。
　④認知能力への不安がある。
　⑤目が見えない、耳が聞こえない、話すことができない等の事情がある。

第3節　公正証書遺言の作成手順

1、面　談
　　依頼者（遺言者）の作成動機と財産の内容を聞き取る。
2、資料収集
　　①遺言者
　　戸籍謄本、印鑑登録証明書
　　②財産をもらう人の書類
　　　・相続人の場合→遺言者との続柄のわかる戸籍謄本
　　　・相続人でない場合→住民票

③財産の中に土地建物がある場合
　　・固定資産税納税通知書または固定資産税評価額証明書
　　・登記事項証明書
④立合証人の住民票の写し、免許証の写し等
⑤遺言執行者の住民票の写し、免許証の写し等
　　相続人又は受遺者が遺言執行者になる場合は、他の書類によって
　　これらの者の確認ができるので提出する必要はない。

3、文案作成と承認
　　文案を作成したら、依頼者（遺言者）に文案を示し承認を得る。

4、立合証人の準備
　　依頼者（遺言者）が希望する親族等がいればその者を、いなけれ
ば公証役場に依頼するか又は他の行政書士を手配する。

5、公証人との打ち合せ（予約する）
　　・遺言書（案）、相続関係図、資料等を持参し内容を説明する。
　　・作成日時を決める（事前に依頼者から都合の良い日を聞いてお
　　　く）。

6、公証役場から作成案が届く。

7、送付された作成案を確認し、依頼者（遺言者）に説明して了解を得る。

8、公証役場に確認済みのメールを送る（この後に作成日時を決める公証役場もある）。

9、作成当日
　　・時間の確認と実印の持参を念押しする。
　　・待合室等で作成文案を再確認する。

10、面談室
　　・公証人が、遺言者の本人確認をする。
　　・公証人が、作成案を読み上げて間違いがないかを確認する。
　　・本人及び証人が署名・捺印する。

11、正本と謄本を受領
　　事務職員に手数料を支払い、正本と謄本を受け取る。

第三編　遺言業務　　147

第4節　作成手数料の把握について

　依頼者（遺言者）が一番知りたいことは、作成にどれぐらいの費用がかかるかという点である。作成費用は、遺産の額や遺産を受け取る方の人数によって異なる。3万円から10万円程度が多いが、依頼者に事前に手数料の概算額を伝えておかないと、行政書士の報酬が受領できないこともあり得るので注意を要する。その意味でも手数料の計算方式の習得は大切である。

　作成費用は、公証人手数料令によって定められている。

（1）計算方式

①複数の相続人または受遺者がある場合には、それぞれが受ける財産の価格によって相続人、受遺者ごとに計算される。

②目的である財産の価格が1億円以下の場合には、遺言加算として1万1,000円が加算される。

③自宅や病院等へ出張の場合は、通常の手数料に50％加算される。

④用紙代3部（原本、正本、謄本）として1枚250円の費用がかかる。

（2）計算事例

子供3人に各々2,000万円を相続させる場合
（1,000万円を超え3,000万円まで2万3,000円である。）

・公証人手数料　2万3,000円×3人＝　　6万9,000円
・遺言手数料（価格が1億円以下）　＝　　1万1,000円
・用紙代　　　　　　　　　　　　　＝　　　約3,000円
　　　　　　　　　　　　　合計　　　約8万3,000円

実務のポイント　最後の念押し

　公正証書遺言を無事に完成させるためには、直前の再確認がポイントである。数日前に遺言者と打ち合わせが終わっていたとしても、失念したり、思いが変化したり、余分な記憶が介入することも多い。面談室に入り公証人の面前に着席すると、緊張して打ち合わ

せた内容と異なることを言い出すことも多々ある。当日、待合室等
で再度内容を説明し、念を押しておくことが大切である。

コラム　打ち合わせと異なる方向へ

　高齢者施設に入所していた 80 歳代の女性 A は、（娘さんの話による
と）麻雀が大好きで若い職員を相手に毎日のように楽しんでいるとのこ
とであった。また、原案も達筆な文字で「長男 B に山梨の農園と株式
を、長女 C に預貯金を相続させる」との内容が書かれており、事前の打
ち合わせでも納得していた。ところが公証人と面会するや否や、「長男
B に預貯金を含めた財産全部を相続させる」と言い出し、最後まで（公
証人の再三の助け舟にも乗らず）主張を変えず、手続きは打ち切りと
なった。久しぶりの同郷の証人と会話が弾み、急に思いが変わってし
まったのであろうか。最後まで気を緩めないことが大切であることを学
んだ事案でもあった。

第三編　遺言業務　　149

5章
遺言執行者の職務と権限

第1節　遺言執行者の要否

1、遺言の執行と遺言執行者の要否

　　遺言の執行とは、遺言の効力が発生した後、その内容を実現する行為をいう。それを行う者が遺言執行者である。遺言事項の内容によっては、遺言者の死亡と同時にその効力が生じ遺言の執行をする余地のない事項もある（相続分の指定、遺産分割の禁止等）。また遺言執行を要する遺言事項についても、遺言執行者によってのみ実現するものと遺言執行者がいるときは「遺言執行者」、いない時は「相続人」によって実現する任意的なものがある。

2、遺言執行者のみによって実現される遺言事項

・遺言による認知（民 781 条）

・遺言による相続人の廃除（民 893 条）

3、遺言執行者がいるときは「遺言執行者」、いない時は「相続人」によって実現される遺言事項

・特定財産承継遺言（民 1014 条）

・相続以外の財産の処分（民 964 条）

・信託の設定（信託法 3 条）等

4、遺言執行者の資格

　　破産者と未成年者以外の者は、誰でも遺言執行者になれる（民 1009 条）。相続人も、廃除など職務執行の公正が期待できないような場合を除き、遺言執行者に就任することが可能である（多数説）。遺言執行者として指定された者が、就任するか否かはその者の自由意思であるので、あらかじめ内諾を得ておいた方がよい（民 1007 条①）。

5、共同遺言執行者

遺言執行者を複数指定することもできる（1017条）。遺言執行者が複数いる場合には、任務の遂行はその過半数でこれを決する。債権取り立て、時効の完成を妨げる行為、倒壊の危険のある家屋の修繕等の保存行為は単独でできる。

6、遺言執行者を選任するメリット

遺言執行者がある場合には相続人は、相続財産の処分その他遺産の執行を妨げるべき行為をすることができない（民1013条①）ので、相続人が手続きを妨害したりする行為を防ぐことができ、遺言の内容を確実に実行できる。また遺言執行者が、相続人全員の代表者として手続きをするので、手間・暇が省略され時間も短縮される。さらに行政書士にとっては、遺言執行者に就任することにより将来の業務に繋げることもできる。

第2節　遺言執行者の指定・選任

1、遺言による指定

遺言者は、遺言で遺言執行者を指定することができる（民1006条①）。遺言事項を定めた遺言書の中で指定することもできるし、遺言執行者を指定するのみの遺言書を作成することもできる。

2、遺言執行者と諾否の自由

遺言執行者に指定された者には、就任につき諾否の自由がある。指定により当然に遺言執行者に就任するというわけではない。指定により承諾の義務が生じたり、就任を強制されることもない。また受遺者等の利害関係人は、遺言執行者に指定された者に対して、その期間内に就職をするか否かを、確答すべきかの催告をすることができる。遺言執行者に指定された者が、この期間内に相続人に対して確答しない場合は、就職を承諾した者とみなされる（1008条）。

3、家庭裁判所による選任

遺言執行者がないとき、遺言執行者が亡くなったときは、利害関係人の請求により、家庭裁判所は遺言執行者を選任することができ

る（民 1010 条）。遺言執行者がないときとは、遺言執行者の指定がされなかった場合、指定された者が就職を拒絶した場合等であり、遺言執行者がなくなったときは、遺言執行者が死亡した場合、辞任した場合、解任した場合、欠格事由が発生した場合等である。

4、家庭裁判所への選任申立手続

(1) 申立の方法

- ・管　轄　　　遺言者の最後の住所地の家庭裁判所
- ・添付書類　　申立人、遺言者、遺言執行候補者の戸籍謄本および住民票、遺言書の写し等
- ・手数料　　　申立書に収入印紙を貼付する。また予納郵便切手を同封する。

(2) 申立手続の流れ

①家事審判申立書を提出する。

②家庭裁判所から照会書が（候補者に）郵送される。

③（候補者が）回答書を家庭裁判所に返送する（回答書に職業、勤務先、収入、資産等を記入する）。

④審判書が家庭裁判所から（申立人）に届く。

第3節　遺言執行者が最初にすべき行為

1、相続人等への通知（民 1007 条②）

　遺言執行者に就職したときは、遺言書の存在および遺言執行者に就職したことを、相続人、受遺者等の利害関係人に通知する。遺言執行者は、相続財産に対する管理処分権限がある反面、相続人は処分行為ができなくなる。このため遺言の有無と遺言執行者の存在を通知しないと、後日様々な不都合が起きる可能性がある。金融機関に対しても、遺言執行者に無断で払戻等ができないように通知する。

2、相続人への説明

　遺言執行者があるときは、①遺言の実現に必要な一切の行為は、遺言執行者が行うこと、②相続人は相続財産の処分その他遺言の執

行を妨げる行為はできないことを説明する。

3、受遺者に対する意思確認

受遺者は、遺言者の死亡後、いつでも遺贈の放棄をすることができるとされている（民986条）ので、遺贈を受けるか否か確かめる必要がある。この意味からも受遺者には通知する必要がある。

4、遺産の現況把握

不動産については、権利済証（登記識別情報）をはじめ関係書類や金庫の鍵等を預かり実情を把握する。預貯金については、通帳や証書を預かり種類と金額等を調査する。

5、財産目録の作成

遺言執行者に就職したときは、遅滞なく相続財産の目録を作成して、相続人に交付しなければならない（民1011条）。相続財産を特定し、現在の状態を明らかにするものであれば、個々の財産の価格を調査して記載するまでは必要ない。

第4節　遺言執行者の職務内容

1、遺言の内容を実現すること（民1012条①）

遺言執行者は、遺言者の意思を実現するために職務を遂行する。必ずしも相続人の利益のために職務を行うのではない。

2、遺言執行者と相続人との関係

(1) 委任に関する規定の準用（民1012条③）

- ・善管注意義務　　　　　民644条
- ・報告義務　　　　　　　民645条
- ・受取物の引き渡し等　　民646条
- ・金銭消費に関する責任　民647条
- ・費用等償還請求権　　　民650条

(2) 財産目録の作成・交付義務

遺言執行者には、相続人に対し、財産目録の作成および交付の義務が課されている（1011条）。

(3) 遺言執行者の復任権（民1016条）

　遺言執行者は、復代理人を選任することができる（やむを得ない事由がなくてもよい）。行政書士は、遺言執行者から委任されれば、遺言執行者代理人（復代理人）として遺言の執行をすることができる。

実務のポイント　寝た子を起こすか？通知義務

　子がない夫婦間で、夫が妻に全ての遺産を相続させる旨の遺言が存在した場合に（両親はすでに死亡）、兄弟姉妹（甥姪）に通知すべきか否かは悩ましい問題である。遺留分もないのに（取り分もないのに）なぜ通知してきたのかと怒られそうだし、これを契機に争いが生じることもありうる。文面と通知方法に細心の注意を払う必要がある。

第5節　相続人による遺言執行の妨害と禁止（民1013条①②）

　遺言執行者がある場合に、相続人は相続財産の処分その他遺言の執行を妨げる行為をすることができないとされている（民1013条①）。ただし、相続人の取引の相手方が、遺言の内容（遺言執行者がある場合で相続人に処分権限がなかったこと）を知らなかった場合は、その行為の無効を「善意の第三者」に対抗することができない（民1013条②）。原則は無効であるが、善意の第三者は受遺者と対抗関係に立つことになる。

　事　例

　父は、甲不動産をYに遺贈し、遺言執行者もYとする遺言を残していた。

　唯一の相続人である長男Aは、遺言執行者に無断で相続を原因とする所有権移転登記をした上で第三者Xに売却した。

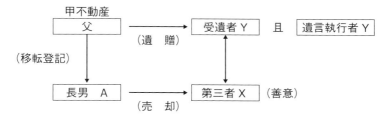

「改正前」
　相続人であるAが、遺言執行者Yに無断で甲不動産につき相続を原因とする所有権移転登記を経由したのち、第三者Xのためにした売買契約は無効である。

「改正後」
　善意の第三者Xは、受遺者Yと対抗関係に立つ。Xが、先に登記を具備すると売買契約は有効となり、Xは所有権取得を受遺者Yに主張できることになる。

第6節　遺言執行者による相続登記申請（民1014条②）

1、相続させる旨の遺言と登記申請

> 特定不動産甲地を、共同相続人の一人Aに相続させる旨の遺言があり、同遺言中に遺言執行者としてXを指定する旨の遺言がある場合、甲地につきAへ所有権移転登記手続きをすることができるものは、XかAか。

「結論」X、Aも所有権移転登記をすることができる。（注1）（注2）（注3）

X→できる。
　特定財産承継遺言があったときは、遺言執行者は、受益相続人が対抗要件を備えるために必要な行為をすることができる（民1014条②）。

A→できる。

登記実務上、相続させる遺言については、受益相続人が単独で登記申請をすることができるとされている（不動産登記法63条②）。

（注1）改正相続法以前は、相続が開始されればその権利は、直ちに相続人に移転するので遺言執行の余地はなく、遺言執行者が相続登記に関与する必要もないし権限もない。遺言執行者ではなく、不動産を取得する相続人自身が相続登記の申請人になるとされていた。

（注2）施行日以降に作成された遺言について適用され、それより前に作成された遺言には適用がない。そこで令和元年（2019）7月1日より前に作成された遺言の場合には、それ以降の死亡により効力が生じても、遺言執行者からの相続登記の申請は認められない（改正法附則第8条）。

（注3）行政書士も、遺言執行者に就任していれば、その地位に基づいて登記申請が可能となった。

2、遺贈する旨の遺言と登記申請

遺言執行者がいる場合には、相続人でない第三者に対する「遺贈」は、遺言執行者の独壇場で、相続人の介入する余地はない。登記申請と添付書面は、下記のとおりである。

①遺言書
②被相続人の死亡時の戸籍（除）謄本
③被相続人の住民票の除票
④受遺者の住民票
⑤遺言執行者の印鑑証明書
⑥固定資産評価額証明書

第7節　遺言執行者による預貯金の払戻請求（民1014条③）

従来も実務運用上認められてきた（念のための規定である）。

1、特定の預貯金債権を特定の相続人に相続させる旨の遺言がされた場合において、遺言執行者は、当該特定の相続人に当該預貯金債権を取得させるために、預貯金の払戻しや解約の申入れができる。解

約の申込みについては、預貯金債権の全部が特定財産承継遺言の対象になっているときに限るとされている（1014条③但書）。

2、払戻請求手続と必要書類
①遺言書
②遺言者の死亡時の戸籍（除）謄本
③遺言執行者の印鑑証明書
④その他（銀行所定の払戻依頼書、通帳・証書等）

第8節　遺言執行者と和解契約

遺言執行者は、相続財産の管理・処分その他遺言の執行に関し、相手方との間で紛争が発生している場合に、遺言の目的を実現するために適切な行為と認められる場合には、裁判上又は裁判外を問わず、遺言執行者は独自の権限で和解契約を締結できる。例えば、相続財産である土地の占有者に対して立退料を支払い明け渡してもらう和解契約を締結できる。

第9節　遺言執行者と訴訟上の地位

遺言執行者の権限には、訴訟追行権も含まれる。遺言執行者は、遺言の執行に関する事件について、相続人の代理人としてではなく、自己の名において原告または被告となることができる（職務上当事者として法定訴訟担当となる）。特定の不動産を特定の相続人Aに相続させるという遺言がされた場合に、他の相続人がこの不動産を自己名義の所有権移転登記をしたときは、遺言執行者は、その登記の抹消請求のほかAへの真正な登記名義の回復を原因とする所有権移転登記手続を求めることもできる。

第10節　遺言執行者の不慮の事態と対策

遺言書の作成から遺言執行まで、長時間を要する事案も多い。その間、遺言執行者にも身辺に様々の事態の変化が生じる可能性があるので、それに備える対策が必要となる。予備的遺言執行者の指定と復代理

の規定を定めておくとよい。

　　第○条　遺言者は、この遺言の執行者として次の者を指定する。

　　　　氏　　名　　甲野　一郎

　　　　職　　業　　行政書士

2、前記甲野　一郎が、死亡、病気、海外赴任その他理由により就職
　　しない時は、遺言者は、遺言執行者として次の者を指定する。

　　　　氏　　名　　甲野　二郎

　　　　職　　業　　行政書士

3、甲野　一郎及び甲野　二郎は、第三者にその任務の一部又は全部
　　を行わせることができる。

コラム　業務が広がる・夢がかなう

　　相続法改正により、遺言執行者は、特定財産承継遺言については、登記申請をすることが可能となった（民1014①）。また、遺言の目的を実現するために適切な行為と認められる場合には、独自の権限で和解契約を締結することができる。さらに訴訟上は、法定訴訟担当者として当事者となり事案によっては法廷に立つこともできる。今後、行政書士は、遺言書の作成支援と共に、遺言執行者に就任して、これらの業務に積極的に関与し、市民の期待に応えるべきである。また、民法、不動産登記法のみならず、民事訴訟法等の知識も必要となる。

6 章

遺留分制度の見直し

―金銭債権化―

第 1 節　遺留分制度の見直し

　遺留分とは、兄弟姉妹以外の相続人について、その生活保障を図る等の目的から最低限の取り分を確保する制度である。旧法においては、遺留分減殺請求権の行使により、遺留分権利者と遺贈等を受けた者との間で共有状態が生じ、円滑な事業承継が困難になったり、共有関係の解消をめぐって新たな紛争が生じたりした。そこで相続法を改正し、遺留分を侵害された者は、遺贈や贈与を受けた者に対し、遺留分侵害額に相当する金銭の請求をすることができるように見直した。令和元年（2019年）7月1日施行（注）

　　（注）施行日以前に開始した相続については、旧法が適用され、遺留分減殺請求権を行使した場合には、侵害額に相当する持分が、遺留分権利者に当然に復帰することになる（改正法附則第2条）。

第 2 節　遺留分侵害額の算定方法

1、まず遺留分額を算出する。

　　遺留分を算定するための財産の価格×遺留分割合（原則2分の1）×遺留分権利者の法定相続分

2、次に遺留分侵害額を算出する。（注1）（注2）

　　遺留分額　－（遺留分権利者の特別受益の額）－（遺留分権利者が相続で得た財産の価格）＋（遺留分権利者が相続によって負担する債務の額）

　　（注1）遺留分権利者が、被相続人から生前贈与を受けていた場合、および遺産分割における取得額がある場合には、遺留分侵害額を算定する際に、遺留分額からこれらの取得分を控除することとされている。

第三編　遺言業務　　159

(注2) 遺留分侵害額の計算で、債務の額を「加算」しているのは、債務は相続人が全部相続するが、その債務額を受遺者から取り戻すためである。

実務のポイント 寄与分は、遺留分算定の財産価格に含まれない。

療養看護等で特別に貢献したので、遺留分侵害額を減少できるのではないかとの相談を受けたことがあるが、寄与分が認められそうな事案でも、遺留分侵害額が減少することはない。理由として寄与分額はそもそも（特別受益の額と違って）、遺留分算定の基礎となる財産に含まれていないからである。

第3節 遺留分侵害額の具体的事案と計算例

経営者であった被相続人が、事業を手伝っていた長男に、土地・建物（評価額1億1,123万円）を、長女に預金1,234万5,678円を相続させる旨の遺言を残し死亡した（配偶者はすでに死亡）。遺言の内容に不満な長女が、遺留分侵害額請求をした。

1、まず長女の遺留分額を算定する。

（土地建物1億1,123万円＋1,234万5,678円）×遺留分割合1/2 ×法定相続分割合1/2＝3,089万3,920円

2、次に長女の遺留分侵害額を算定する。

長女は、預貯金額を相続することになるので、この金額を控除す

る。

3,089 万 3,920 円 − 1,234 万 5,678 円 ＝ 1,854 万 8,242 円

3、結　論　長女は、長男に対し 1,854 万 8,242 円の債権を請求することになる。

法務省ホームページ「相続に関するルールが大きく変わります」より引用

第 4 節　遺留分の算定方法の明確化

従来、解釈に委ねられていた下記事項について、遺留分侵害額請求権の算定方法が明確にされたため、事業の承継等を受けた特定の相続人が、他の相続人に支払うべき金額を明確に算出できるようになった。

1、生前贈与

受遺者等の法的安定性と相続人間の実質的公平との調和の観点から、下記の額が遺留分算定額に算入される。

①相続人に対する贈与

相続開始前の 10 年間にされたものに限る（民 1044 条③）。

以前は、相続人に対する贈与は、10 年以上前の贈与も遺留分算定のための財産の価格に含めていたが、これを相続開始前の 10 年間に限ると改正した。

②相続人以外の者に対する贈与

相続開始前の 1 年間にされたものに限る（民 1044 条①）。

2、負担付贈与

目的の価格から、負担額を控除した額を、贈与した財産の価格とする（民 1045 条①）。

3、不相当な対価による有償行為

当事者双方が、遺留分権利者に損害を与えることを知っていた場合に、当該対価を負担の価格とする負担付贈与とみなされる（民 1045 条②）。

第5節　遺留分紛争と予防対策

1、生命保険への加入

　　長男に事業を承継させるとか、高額の自宅不動産を取得させるようなケースでは、他の兄弟からの遺留分侵害額請求に備えて、受取人を長男とする生命保険に加入しておくことは、有効な対策の一つである。死亡保険金は相続財産にはならないので、受取人が単独で取得でき、慰留分侵害額を支払うことができるからである。

2、早めの生前贈与

　　相続開始の 10 年より前に行われた生前贈与の場合は、原則として遺留分請求の対象にはならないので、死亡 10 年より前に生前贈与をしておけば遺留分トラブルは避けられることになる。

3、廃除申請（民 892 条）

　　被相続人の意思によって、推定相続人の相続権を奪う制度である。廃除事由としては被相続人に対する虐待・重大な侮辱と著しい非行に分類される。また、遺言によって行うこともできるが、この場合は遺言執行者が手続きをする（民 893 条）。

4、遺留分の事前放棄の申請（民 1049 条）

　　相続開始前の遺留分放棄は、家庭裁判所の許可を要する。家庭裁判所は、自由意思によりなされたか、必要性があるか、放棄の代償があるか等により許可の有無を判断する。

5、付言事項の活用

　　遺留分を侵害しない範囲で遺言書を作成することは重要であるが、あえて遺留分を侵害する遺言書を作成する場合には、遺留分侵害額請求権の行使を控えるように、納得できる理由を、付言事項として加えることで紛争防止に役立つこともある。具体的事情をできる限り明らかにし、客観的資料（銀行からの振込済用紙、受領証、メモ等）を添付しておくとよい。

（付言事項の一例）

> 　長男一郎に、株式、店舗等すべて財産を相続させたのは、先祖代々の家業を引き継いでもらいたいからです。二郎には、東京の大学まで進学させ授業料、下宿費用等で多額の援助をしてきました。二郎には、父さんの強い思いを十分受け止めて万一にも、一郎に対して遺留分侵害額請求権を行使しないように！　これがお父さんの最後の願いです。

6、遺産分割協議への方向転換

　　遺留分侵害額の請求で紛争が予想される事案では、受遺者である相続人に遺贈の放棄（民986条）を説得し、遺留分侵害額に配慮した遺産分割協議を提案して円満に解決策を探ることも一つの方法である。

第6節　遺留分紛争と解決方法

1、当事者の協議

　　①遺留分を侵害された者は、遺留分を侵害する遺贈または贈与を受けた者に対して、支払金額や支払い方法等について協議を行う。

　　②具体的な支払い金額や支払い方法について合意が成立した場合には、その合意内容を明確にするために、合意書を作成する。

　　③遺留分侵害額を行使するか否かは、遺留分権利者の自由な意思決定に任されているので、遺留分侵害額の請求した者とその相手方との合意で足りる。

2、調停の申立て

　　協議をしても支払額や支払い方法について合意が得られない場合、そもそも話し合いにも応じない場合には調停の申し立てとなる。この段階になると、行政書士は手続きから離れることになる。

3、訴えの提起

　　調停が不調で終われば、相続開始時の被相続人の住所地を管轄す

第三編　遺言業務　　163

る地方裁判所または簡易裁判所に、訴えを提起することになる。

重要判例18 相続債務がある場合の遺留分侵害額　最判平8・11・26

（判　旨）

被相続人が相続開始の時に債務を有していた場合の遺留分の額は、民法1029条、1030条、1044条に従って被相続人が相続開始時に有していた財産全体の価格にその贈与した財産の価格を加え、その中から債務の全体を控除して遺留分算定の基礎となる財産額を確定し、それに同法1028条所定の遺留分の割合を乗じ複数の遺留分権者がいる場合には更に遺留分権者それぞれの法定相続分の割合を乗じ、遺留分権者がいわゆる特別受益を得ているときはその価格を控除して算定すべきものであり、遺留分の侵害額は、このようにして算定した遺留分の額から、遺留分権者が相続によって得た財産がある場合はその額を控除し、<u>同人が負担すべき相続債務がある場合にはその額を加算して</u>算定するものである（下線は筆者が加えた）。

7章
渉外遺言
―在日外国人が日本でする遺言―

第1節　渉外遺言と準拠法

1、渉外遺言とは、わが国に滞在する外国人が、わが国に住所を有する場合または旅行等で一時的にわが国に滞在している場合に、日本法の規定する方式による遺言をすることをいう。渉外相続に強い行政書士は別として一般の行政書士は、公証役場との橋渡しが役割と心得て、その先は公証役場に委ねるのが賢明である。ただし、公証役場で作成が可能か否か程度の基礎的知識だけは、身に付けておきたいものである。

2、準拠法について

外国人の場合、どこの国の法律に従うべきかという準拠法の問題があり、遺言については方式の問題と成立及び効力の問題がある。

(1) 遺言の方式と準拠法

遺言の方式は、必ず書面で作成する必要があるか、証人の立ち合いを要するか、未成年者が遺言できるか等の問題である。わが国に住所を有する場合だけではなく、旅行等で一時的にわが国に滞在している場合であっても、日本法の規定する方式による遺言をすることができる（遺言準拠法2条1号、3号、4号）。

(2) 遺言の成立および効力と準拠法

遺言能力、遺言の意思表示の瑕疵、遺言の効力発生時期、遺言の撤回の可否等については、遺言の成立および効力の問題として遺言者の本国法による（通則法37条1項）。

通則法37条①

遺言の成立及び効力は、その成立の当時における遺言者の本国法による。

第三編　遺言業務　　165

第2節　反致とは

1、反致とは

　　当事者の本国法による場合において、その本国、具体的にはその本国の国際私法に従えば日本法によるべきときは、日本法による（通則法41条）。これが反致と呼ばれる規則である。例えば、遺言の成立および効力について、日本に住所を有する外国人が、遺言者の本国法を適用すべき場合において、その本国の国際私法の規則が、遺言者の住所地の法を適用すべきものと定めている場合には、通則法41条の規定により反致が成立し、住所地法である日本法を適用すべきことになる。

2、在日外国人の本国法の調査

　　在日外国人の場合も、遺言の成立および効力については、本国法を準拠法として判断されることになるので、在日外国人の遺言にあたっては、事前に当該外国人の本国法を調査しておく必要がある。

通則法41条

　　当事者の本国法による場合において、その国の法に従えば日本法によるべきときは、日本の法による。

第3節　諸外国の国際私法の内容

1、欧州連合の構成国（ドイツ、フランス、イタリア等）

　　相続については被相続人の死亡時の常居所地法により、遺言の実質的有効性については、遺言者の遺言時の常居所地法によるべきものとされている。したがってこれらの国の国籍を有する者が、日本に常居所を有していると認められる場合には、通則法41条の規定に基づき、遺言の成立及び効力並びに相続の問題について反致が成立し、日本法が適用される。（注）

（注）常居所とは、国際私法において連結点として用いられるが、人が通常居住している場所の意味で、民法上の「住所」と国際私法における「常居所」とは、ほぼ同一のものであるとされている。

166

2、英米法諸国（イギリス、アメリカ、カナダ等）

　相続分割主義が採用されており、法定相続の場合において、動産（預貯金等を含む）については被相続人の死亡時の住所地法、不動産についてはその所在地法により、遺言の実質的要件（能力、解釈等）についても動産は遺言者の住所地法、不動産についてはその所在地法によることとされている。

　したがって、これらの国の国籍を有する者が日本に住所を有しており、かつその者が有する預貯金等を含む動産を遺言によって処分しようとするとき、又は日本にある不動産を遺言によって処分しようとするときは、遺言の成立及び効力並びに相続の問題について反致が成立し、日本法を適用される。（注）

（注）相続統一主義と相続分割主義

　①相続統一主義とは

　　不動産であるか、動産であるかを問わず、相続財産を一括して被相続人の本国法や住所地法により依拠させるというもの。日本、大陸法系

　②相続分割主義とは

　　動産（預貯金を含む）については被相続人の死亡時の住所地法、不動産についてはその所在地法により依拠させるというもの。イギリス、アメリカ、中国等

3、中　　国

　不動産の法定相続についてはその所在地法により、それ以外の財産（預貯金等を含む）については被相続人死亡時の常居所地法により、遺言の効力については、遺言時又は死亡時の遺言者の常居所地法又は本国法によるとされている。したがって日本に住所を有する中国国籍を有する者が、預貯金等を含む動産を遺言により処分しようとするとき、又はその者が日本に有る不動産を遺言により処分しようとするときは、遺言の成立及び効力並びに相続の問題について反致が成立し、日本法が適用されることになる。

第4節　公正証書遺言の作成と必要書類

1、公正証書遺言の勧め

　　自筆証書遺言を作成することも不可能ではないが、特段の理由がない限り公正証書遺言を作成すべきである。自筆証書遺言は、形式上の理由で無効となるリスクが多いうえ、在日外国人が日本でする遺言の検認手続きは、本国法を踏まえて取り扱う必要があり戸籍やその他資料の蒐集に手間・暇がかかるからである。

2、必要書類その他

①遺言者の本人確認書類

　　運転免許証、パスポート、領事の発行する署名証明書等

②遺言者との相続関係を証明する書類

　　（イ）戸籍制度のある国（韓国、台湾）→　戸籍謄本等

　　（ロ）戸籍制度のない国

　　・相続人の関係を示す宣誓供述書

　　　必要な情報を作成して、本国の公証役場または日本にある本国の大使・領事等の面前で供述し署名する。

　　・出生証明書（遺言者と特定の相続人との続柄等を証明できる）

③通事（通訳）の立合い

　　公正証書遺言は、日本語で作成しなければならないので、日本語を話すことが難しい場合には、通事（通訳）の立合いが必要となる（公証人法27条）。

④証人の資格

　　準拠法5条により、遺言の方式の範囲に属するので日本の民法による。

⑤署名と押印

　　・署名は外国語でよい。

　　・押印は拇印・指印でよい。

第 5 節　中華人民共和国と相続法の概要—参考のために—

1、目次

第 1 章　総則（1 条から 8 条）

第 2 章　法定相続（9 条から 15 条）

第 3 章　遺言相続および遺贈（16 条から 22 条）

第 4 章　遺産の処理（23 条から 34 条）

第 5 章　附則（35 条から 37 条）

2、主な内容

第 10 条（相続人の範囲と順位）

①遺産相続は、次に掲げる順位に従って行われる。（注 1）

　第 1 順位　配偶者、子、父母

　第 2 順位　兄弟姉妹、父方の祖父母、母方の祖父母

②相続開始後、第 1 順位の相続人が相続し、第 2 順位の相続人は相続しない。相続できる第 1 順位の相続人がいない時は、第 2 順位の相続人が相続する。

第 16 条（相続人の指定、法定相続人以外の者への遺贈）（注 2）

①公民は、この法律の定めるところに従い、遺言でその個人財産を処分することができ、併せて遺言執行者を指定することができる。

②公民は、遺言で法定相続人の 1 人または数人を指定してその個人財産を相続させることができる。

③公民は、遺言でその個人財産を国、集団、又は法定相続人以外の者に遺贈することができる。（注 2）

（注 1）中国では、日本と異なり、父母が第 1 順位となっている。これは年長者を敬う道徳観・価値観が反映されていると思われる。

（注 2）中国では、遺言で特定の法定相続人に財産を相続させる場合を遺言相続といい、法定相続人以外の者に承継させる場合を遺贈という。

高岡法科大学紀要第 22 号より引用

コラム **遺言と川柳**

　遺言には、人生最高の「たなぼた」が手に入りそうな甘い響きがあるが、目がくらんだ末の泥試合もある。その落差が川柳では絶好の素材となる。また、遺言書を作ると元気が出ると言われているが、エビデンスはなにもない。

　・遺言書き　腕立て伏せを　50回

　・開けて見て　寄付の二文字　ヤケ酒を

　・名があるか　入試以来の　ドキドキ感

　・遺言書で　まだ揉めている　三回忌

　・遺言書で　初めて目にした　父の文字

第 四 編

家族信託

1章
家族信託とは

第1節　信託とは

1、信託とは

　　信託とは、信託設定者（委託者）が信託契約や遺言などによって、その信頼できる人（受託者）に対して、土地や金銭などの財産を移転し、受託者において委託者が設定した信託の目的に従って、信託の利益を受ける者（受益者）のために、その財産の管理または処分などをする制度である。信託とは信じて託すことであるので、信託制度が認められる根本には委託者と受託者の間および受託者と受益者との間に、信任関係が存在することが前提となっている。

2、商事信託と民事信託

　　信託には、信託銀行や信託会社が営利を目的として行っている商事信託と営利を目的としない民事信託がある。前者を対象とするのが信託法であり、後者を対象にするのが信託業法である。

3、家族信託とは

　　民事信託の中でも家族や親族の生活を支援する信託が家族信託であるが、中核に位置しているのは高齢者や障害者等を対象とする福祉型の家族信託である。信託銀行が新聞広告等で家族信託の名を冠した商品を目にすることが多いが、これは民事信託ではなく商事信託であり、実態は銀行の手数料ビジネスのひとつである。

4、家族信託の壁

　　新聞や週刊誌等の刊行物、テレビ、ラジオ等で「相続対策の切り札は家族信託である」とのメッセージが多く見受けられ、また多くの期待が寄せられているが、その目的を実現するためには高いハードルがあることを認識すべきである。家族・親族の中から適任の受託者を見つけることが難しい、信託口座の開設に協力してくれる銀

行が少ない、自己の財産が契約時に受託者名義に移ることへの抵抗感を有する者が多い等々である。信託があたかもオールマイティであるかのような宣伝をなされる実務家もいるが、信託だからなんでもできるというわけではなく当然メリット・デメリットがある。

第2節　家族信託と基本的構成要素

家族信託の基本的構成要素は、下記のとおりである。

①信託目的
委託者が信託を設定することによって達成しようと目指している基本的な目的をいう。

②信託行為
信託を設定するための法律行為をいう。信託契約と遺言による信託がある。

③信託財産
委託者から一定の目的達成のため預けられた財産をいう。

④委託者
信託によって実現しようとする目的のために、自らの財産を受託者に預ける主体をいう。

⑤受託者
委託者から預けられた信託財産を、管理または処分などをする義務を負う者をいう。

⑥受益者
受託者から信託財産に係る給付を受ける権利などを有する者をいう。

第3節　家族信託の基本的仕組み

1、他益信託と自益信託

家族信託の基本的仕組みとしては、他益信託と自益信託に分けることができる。

(1) 他益信託
　信託の基本類型は、委託者、受託者、受益者の三当事者が別の人格である場合である。この場合を他益信託という。

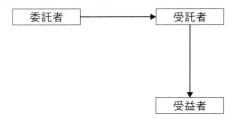

(2) 自益信託
　同一人が委託者および受益者を兼ねている場合を自益信託という。民事信託を設定する場合、税制上の理由などから、まず自益信託を設定することが一般的である。

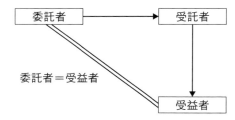

2、当事者の地位と相続
　①委託者の地位
　　・遺言信託　相続により承継しない（信託法147条）。
　　・信託契約　相続により承継する（信託法147条の反対解釈）。
　②受託者の地位
　　受託者が死亡すると、その任務は終了する（信託法56条①一号）。
　③受益者の地位
　　受益権を保有し相続される。
　　実務では、受益権が相続人に分散されることによって、信託事務に支障が生じないように、先に受益者が死亡したときに、受益権を特定の者に新たに取得させるとする信託条項を定めることが多い。

2章
家族信託の考え方

第1節　信任関係の存在

　　当事者間に信任関係が存在することが前提である。信託とは信じて託すことであるので、信託制度が認められる根本には委託者と受託者の間および受託者と受益者との間に、信任関係が存在することが前提となっている。

第2節　信託特有の考え方

1、委託者の相続人は委託者の地位を相続する。

　　委託者の相続人は、委託者が有していた信託法上の権利義務を相続により承継する。但し相続により委託者の地位を有する者が多数になり複雑な法律問題が生ずるおそれがあるので、信託条項において委託者の死亡によりその権利は消滅し、委託者の地位は相続されないと定めることが多い。

2、形式的権利帰属者と実質的利益享受者が分かれている。

　　信託において、受託者は委託者から信託財産を取得するが、受託者は受益者のために財産管理または処分等を行う者である。その意味で受託者はあくまでも形式的権利帰属者であり、他方、受益者は実質的利益享受主体である。

3、信託財産は独立している。

　　同じ受託者に帰属する財産でも、信託財産と受託者の固有財産とは全く別のものとして扱われ、受託者の一般債権者に対する責任財産とはならない。

4、信託には柔軟性がある。

　　委託者は、受益権の発生、変更、消滅および帰属を自由に定めることができる。信託では、委託者が信託契約または遺言信託によ

り、受益権を発生させることも、その受益権の内容を変更すること
も、受益権を消滅させることもできる。また、受益権の帰属を決め
ることができ、特定の受益者が死亡した際には、当該受益権をその
者の相続人に取得させることも、また相続人以外の者に取得させる
こともできる。

3章
遺言、任意後見との比較

第1節　遺言との比較

1、遺言は、遺言者の死後に財産をどのように承継させるかを決められるだけである。生前における財産の管理または処分については遺言の関与するところではない。本人生存中は、財産は本人に帰属したままであり、詐欺等の被害にあうことを防止することはできない。また、二代先の承継者を指定する遺言（後継ぎ遺言）は、効力が認められない。

2、これに対して家族信託では、財産の管理または処分ができ、さらにより確実な財産承継ができる。信託の効力発生時期は、原則として信託契約の締結時から生じるので、遺言と異なり書き換え等のトラブルを回避でき、より確実な財産承継ができる。また、後継ぎ遺贈型受益者連続信託を使えば、信託財産から得られる利益を、世代を超えて次々と連続させていくことが可能となり、長期的な財産承継が可能となる。

第2節　任意後見との比較

1、任意後見は、契約締結後に本人の事理弁識能力が不十分な状況になった場合に、一定の者の請求により、家庭裁判所から後見監督人が選任されてスタートし、財産は本人に帰属したまま、任意後見人が所定の法律行為につき契約の締結等を行うことができる。財産管理の他、身上監護等の代理権を与えることもできる（老人ホームへの入居契約や医療契約の締結ができる）。

2、これに対して信託では、信託財産を受託者に譲渡してしまうので、委託者の判断能力が低下しても、委託者が詐欺等で財産を奪われる危険はないというメリットはあるが、他方、身上監護等に関す

第四編　家族信託　177

る契約を締結することはできないというデメリットもある。

4章
行政書士の役割と業務の流れ

第1節　行政書士の役割

1、信託契約書の作成

　　依頼者からの希望を丁寧に聞き取って、その希望に合わせて信託契約書を作成することが中心的業務となる。

2、コーディネーターとしての役割（関係機関との調整）

①銀行との交渉（信託口座の開設）

②公証役場との対応（信託契約公正証書の作成）

③司法書士への依頼（所有権移転登記および信託の登記申請）

④税理士との相談（税理士による税務チェック）

第2節　業務の流れ

①相談・依頼、スキーム設計

②信託契約書の作成

③信託口座の開設申し込み

④公正証書の作成

⑤司法書士への登記申請依頼

第3節　依頼者への主な説明事項

①受託者選任の重要性について

　受託者は、財産を預かりその財産を管理または処分をする義務を負うので、信頼できる者を選任する必要があること。

②信託業法の規制について

　信託業法の規制により、原則として行政書士や弁護士等の専門職は、受託者になれないこと。

③信託監督人または受益者代理人の就任について

第四編　家族信託　　179

行政書士等の士業者が、報酬を得て信託監督人および受益者代理人に就任しても、信託業法違反などの問題は生じないこと。

④信託財産の移転時期について

信託契約と同時に、不動産、預貯金の名義が受託者に移転すること。

⑤金銭の準備について

信託設定時から、金銭等金融資産が信託財産として必要であること。

・公正証書作成と手数料
・所有権移転登記と信託登記費用
・信託作成に係る報酬等

⑥遺留分への配慮について

家族信託についても、民法の遺留分に関する規定が類推適用されること。

⑦税問題について税理士に相談すること。

実務のポイント　受託者規制

弁護士、司法書士、行政書士等は、原則として家族信託の受託者にはなれない（信託業法3条）。受託者にふさわしい親族が得られない場合には、信託報酬を負担して信託会社、信託銀行を利用するほかはない。

5章
行政書士業務に適した活用事例

第1節　行政書士の役割と心構え

　信託は無限の可能性を秘めた素晴らしい制度であるが、信託法の本質と仕組みの理解、信託法の体系と条文の解釈、遺留分との関係、課税問題等課題は多いので、中途半端な気持ちで安易に取り組むと大やけどをすることにもなりかねない。行政書士は身近な事案で実績を積み重ね間口を広げすぎないことが重要である。事業承継等は、会社法等幅広い知識と理解が必要であり専門の弁護士等を紹介する方が無難である。（注）

（注）河合保弘先生は、著書の中で次のように述べられている。

　一般的な法律については、「地図が整備されている町の中」を歩いているみたいなものであるのに対し、信託については「富士の樹海」を歩いているみたいなものかもしれません。その意味から開拓者として民事信託に取り組むのは楽しくやり甲斐のあることではありますが、常に未知なものとの遭遇を繰り返さなければいけない大変な作業である。

（『民事信託超入門』p287　日本加除出版平成26年）

第2節　活用事例

1、高齢者の認知症対策として

①施設入居費用の捻出のため（適切な時期に売却できるようにする。）

②実家の空き家対策のため（管理・賃貸・処分できるようにする。）

③賃貸不動産の資産運用とその継続のため（建物の修繕、家賃の管理、入居者の募集等ができるようにする。）

第四編　家族信託　181

2、後継ぎ遺贈型の受益者連続信託（信託法 91 条）

①子供のいない夫婦間の相続で、先祖代々の遺産を直系の子々孫々に承継させたい事案

②夫が自分の財産を後妻へ与え、後妻の死亡後は先妻との実子に財産を与える事案

3、ペットのための信託

ペットの飼育・医療費等を確保するための手段であるが、信頼できる里親が見つかるかが一番重要な問題である。

6章
家族信託口座の開設

第1節　家族信託口座とは

1、金銭信託をする際には、「委託者○○　○○受託者□□　□□信託口座」という名義の通帳を作成する必要があるが、多くの銀行は信託口座の開設に消極的である。私が居住する県内では、信託口座の開設に協力的な銀行は見つからなかったが、令和3年（2021年）3月にK銀行が県内で初めて信託口座の取り扱いを始めた。

2、信託口座の定義（注1）（注2）

①受託者を預金者とすること。

②外観上、受託者個人名義と区分できること。

③金融機関において、受託者の個人名義の預金口座とは異なる取り扱いがなされること。

（注1）信託法上は、受託者が信託財産に属する金銭を信託口座にて管理すべき義務を負うとはされていない。その計算を明らかにする方法とされている（信託法34条①2号ロ）。そこで受託者の固有財産に属する金銭が混入する口座であっても、各財産に属する金銭の割合が明かであればよいとの見解もある。

（注2）金融機関側において、通常の預金と何ら変わらない取り扱いがなされる屋号口座や肩書口座は、信託口座とはみなされない。

第2節　信託口座の開設手順

①金融機関への信託契約書の案文の提示

②金融機関側からの信託契約書案文のチェック

③金融機関側からの指摘を踏まえた案文の修正と確定

④信託契約書公正証書の作成

第四編　家族信託　　183

⑤金融機関へ信託契約書公正証書の写しを提出
⑥金融機関での口座開設（通帳、キャッシュカードの交付）
⑦委託者の口座から信託口座への資金移動

第3節　金融機関側の主なチェック事項

　　金融機関ごとに異なるが、委託者の意思能力（民3条の2）、受託者の利益享受の禁止（信託法8条）、受託者の地位の確認、受託者の交代に関する事項と任務終了事由、遺留分への配慮等である。

実務のポイント　公正証書の作成は案文確定後に

　　信託契約の内容については、各金融機関に独自の基準があり修正、追加、書き直しを求められることも多々ある。公正証書作成後の信託契約書の修正は、手間・暇と手数料がかかるので、金融機関との案文確定後に公正証書化した方が賢明である。

実務のポイント　預金債権と信託

　　預金債権は、金融機関との預金契約によって譲渡禁止とされているので預金債権自体を信託財産とすることはできない。預金債権の信託手順は、下記のとおりである。
①委託者が、委託者名義の預金を一旦払い戻す。
②委託者が、当該金銭を受託者に引き渡す。
③受託者が、受託者名義の信託口座に預け入れる。

7章
家族信託口座の内容

第1節　家族信託口座の内容

　　家族信託口座の開設については、多くの金融機関が消極的であるが、私が居住する県内ではじめて風穴を開けくれたのがK銀行である。令和3（2021年）年3月から家族信託の口座開設の取り扱いを開始したので、参考のためにパンフレットの主な内容を紹介する。

1、家族信託口座の内容について

①家族信託口座とは、家族間で締結した信託契約のために提供する専用口座をいう。

②対象となる方

　県内および隣接地域にお住まいの個人の方で、信託関係人の預金取引合計額が5,000千円以上（口座開設時）

③取引種類

　普通預金、決済用預金、定期預金等

④口座の名義

　委託者○○○○信託口座受託者△△△△

⑤　信託契約

　信託契約書は公正証書に限る。

⑥　手数料

　・口座開設手数料 110,000円（税込）

　・変更手数料　　 55,000円（税込）

2、口座開設の申し込みにあたっての注意

　・口座開設時にご提出いただく信託契約書は、専門士業者により作成された公正証書に限る。

　・口座開設時に委託者兼受益者、受託者と当行の行員が面接させて

第四編　家族信託　　185

いただく。

第2節　家族信託口座作成と必要書類

　家族信託口座作成と必要書類は下記のとおりである。
　　①本人確認資料（委託者、受託者）
　　②信託契約書（写）
　　③信託関係人の戸籍謄本（写）
　　④印鑑証明書

8章
信託契約と公正証書の作成

第1節　信託契約と公正証書の作成

1、信託法上は、信託契約は公正証書によらなければならないとはされていないが、多くの金融機関では、信託口座開設の条件として信託契約が公正証書によって行われることを求めている。また公証人は、信託の組成には直接は関与できないが、公正証書の作成の際に、委任者の意思能力や信託設定の意思の確認もされるので将来の紛争防止にも役立つ。

2、口座開設の事前相談

　信託契約公正証書を作成する際には、事前に口座開設予定の金融機関に信託契約書等を持参して、口座開設の条件等を確認しておくことが必要である。信託契約公正証書の完成後に、金融機関から内容等の不備で口座開設を拒否されると、公正証書作成に要した時間・費用が無駄になる。

第2節　公正証書の作成手順

①信託契約書の持参または送付
②事前準備資料の持参または送付
　・委託者・受託者の本人確認資料
　・信託財産の特定と価格を裏付ける資料
③職業情報の提供
　会社員、公務員、不動産業、無職等の類型でよい。

第四編　家族信託　　187

9章
信託行為と遺留分

第1節　信託行為と遺留分への配慮

　信託行為についても、民法の遺留分の規定（民 1042 条以下）が類推適用される。信託を設定する際には、将来紛争を起こさないために相続人の遺留分を侵害しないように配慮しなければならない。

第2節　遺留分に関する裁判事例

　遺留分に関する裁判事例は多くないが、平 30・9・12 の東京地裁の判例を紹介する。

1、事　案

　　遺言代用後継ぎ遺贈型の受益者連続信託で、三人の受益者うちの一人に事実上何の利益も与えられないことが、遺留分の侵害になるのではということが争われた事案である。

2、判　旨

　　①三人の受益者のうち一人の遺留分を、この信託は侵害している。
　　②留分侵害請求権の対象は、信託財産ではなく受益権である。（注）
　　（注）ただし、本件判例はその後、控訴審で和解となり、下級審の裁判事例としての位置付で、決定的な意味を持つとはいえない。

第 五 編

遺産分割と税金

1章
相　続　税

第1節　相続税と所得税

　依頼者からは、相続税の申告のみならず所得税の確定申告についての質問もあるのでその理解も必要となる。①相続税は、財産を無償でもらうことを課税対象としたもので、相続または遺贈により財産を受け継いだ場合にかかる税金であるのに対し②所得税は、収入を得ることを課税対象としたもので、給与や年金などの収入がある場合に、その所得に対してかかる税金である。そのため遺産相続をしたからただちに所得税がかかるわけではない。税の申告は、税理士の専管業務であるが、国税庁がホームページで公開している程度の基本的知識は、正確に身に付けておかないと依頼者の信頼は得られない。

第2節　相続税と申告

1、相続税と申告の概要

①申告義務者は、相続または遺贈により財産を取得した者である。

②基礎控除額が、遺産の総額を上回る場合には、そもそも相続税は課せられないので申告の義務はない。

③申告は、全員もしくは単独でできる。遺産分割協議が成立していない場合には、単独で法定相続分で申請することにより、延滞税を免れることができる。

④申告書は、被相続人の死亡時の住所地を管轄する税務署に提出する。

⑤申告期限は、相続のあったことを知った日の翌日から10カ月以内である。

第3節　相続税額の計算

1、課税価格

課税価格とは、相続税の課税対象となる財産の価格である。各人の課税価格は次の式で計算する。（注）

（注）加算対象期間の変更

税制改正により、令和6年1月1日以降の暦年課税に係る贈与により取得した財産については、その加算対象期間が<u>相続開始前7年以内</u>となる。

2、課税遺産総額

課税遺産総額とは、課税価格の合計額から基礎控除額を差し引いた額である。

課税価格の合計額－基礎控除額

（イ）基礎控除額

3,000万円＋600万円×相続人の数

（ロ）相続人の数と養子

被相続人の養子については、実子がいる場合には、養子は1人まで、実子がいない場合には、養子は2人まで加えることができる。

3、各相続人の相続税額の計算

①課税遺産総額を、法定相続分どおりに取得したものと仮定して、それに税率を適用して各相続人別に税額を計算する。

②各相続人の相続税額を合計して相続税の総額を計算する。

③相続税の総額を、各相続人の実際に取得した遺産額の割合で按分する。

④各種の税額控除を差し引いて実際に収める額を計算する。

4、主な税額控除

①相続税額の2割加算

配偶者、子、父母以外の者が財産を取得した場合には、相続税に2割が加算される。

②配偶者の税額軽減と適用要件

配偶者が遺産分割や遺贈により実際に取得した遺産額が1億6,000万円まで、もしくは配偶者の法定相続分相当額までであれば相続税はかからない。

「適用要件」

（イ）婚姻期間に関係なく、相続発生時に配偶者である者

（ロ）未分割の場合には適用なし

（ハ）この規定を適用した結果、税額が0になる場合でも、申告書を提出しなければならない。

③暦年課税に係る贈与税額控除

遺産額に加算された「相続開始前3年以内の贈与財産」の価格に対する贈与税額が、その人の相続税額から控除される。

④未成年者控除

相続人が18歳未満の場合には、18歳に達するまでの年数1年につき10万円が控除される。（注）

（注）令和4年（2022年）3月31日以前に相続または遺贈により財産を取得する者については20歳未満

⑤障害者控除

相続人が障害者の場合は、85歳に達するまでの年数1年につき10万円（特別障害者の場合は20万円）が控除される。

⑥相続時精算課税に係る贈与税額控除

遺産額に加算された「相続時精算課税の適用を受ける贈与財産」の価格に対する贈与税額がその人の相続税額から控除される。

第4節　相続税の計算事例

課税価格の合計額が7,000万円、妻と子2人が各1/3ずつ相続する場

合

1、基礎控除額　　4,800万円　　（3,000万円＋600万円×3人）

2、課税対象額　　2,200万円　　（7,000万円−4,800万円）

3、課税対象額を法定相続分で仮に分割　（妻2/1、長男と長女は各4/1）

　　妻　1,100万円　　　長男　550万円　　　長女550万円

4、各人の税率と控除額を計算する。各人の金額によって、税率と控除額は異なる。（注）

　　・妻 1,100万円× 0.15 − 50万円　　＝115万円

　　・長男　550万円× 0.1　　　　　　＝ 55万円

　　・長女　550万円× 0.1　　　　　　＝ 55万円

　　　相続税の総額合計　　　　　　　225万円

　（注）法定相続分に応ずる取得金額と税率と控除額

　　・1,000万円以下　　　　　　　　　10 ％

　　・1,000万円超　3,000万円以下　　　15 ％ − 50万円

5、実際に取得した遺産額の割合で按分する。

　　・妻　　225万円× 1/3　　　　　　＝ 75万円（注2）

　　・長男　225万円× 1/3　　　　　　＝ 75万円

　　・長女　225万円× 1/3　　　　　　＝ 75万円

　（注2）妻は、配偶者の税額軽減により1億6,000万円までは、税額はゼロになる。

2章
所得税と確定申告

第1節　所得税と確定申告

1、被相続人と準確定申告

　　被相続人に所得があれば、準確定申告が必要となる。1月1日から死亡した日までに確定した所得金額と税額を計算して、相続の開始があったことを知った日から4カ月以内に申告し納税を行う。

　　医療費控除の対象となる高額の医療費を支払っている場合には、準確定申告をすることで所得税の還付が受けられる。

被相続人の準確定申告が必要な場合（注）

　　①個人事業を営んでいた人

　　②2カ所以上から給与を受けていた人

　　③給与収入が2,000万円を超えていた場合

　　④給与所得や退職所得以外の所得が20万円以上であった場合

　　⑤貸付金の利子収入や家賃などの不動産収入を受け取っていた場合

　　⑥公的年金などの収入が400万円を超える場合

（注）相続人が2人以上いる場合には、各相続人が連署により準確定申告を提出することになる。ただし、他の相続人の氏名を付記して各人が別々に提出することもできる。

2、相続人と確定申告

相続人の確定申告が必要な場合

①相続した遺産を売却した場合（譲渡所得税）

　　相続した土地や建物、株式などを売却し、利益が出た場合には、その利益に対して所得税がかかるので、売却日の翌年3月15日までに確定申告をする必要がある。

②賃貸マンションや駐車場等、賃貸不動産を相続した場合

③相続した遺産を寄附した場合

④相続した遺産を換価分割した場合

⑤未支給年金・死亡保険金を受け取った場合

第2節　譲渡所得税と確定申告

1、換価分割で取得する不動産の売却または代償分割で取得した不動産の代償金捻出のための売却は、譲渡所得税の負担を覚悟しておかないと後で痛い目に合う。行政書士は、ともすると相続税のみに関心が向きがちであるが、譲渡所得税への配慮と理解も大切である。

2、譲渡所得税とは

売却価格から、その不動産を購入した時の価格および譲渡費等を差し引いた額に、一定の税率が課せられる。

売却価格－（取得費＋譲渡費用等）

3、取得費とは、不動産を購入したときの代金である。取得費がわからない場合には、売却額の5％を取得費とする。代償分割を採用した場合の代償金は、譲渡所得を計算する際に控除する取得費に、該当しないことに注意すべきである（最判平6・9・13）。

4、相続財産を譲渡した場合の取得費の特例

相続開始のあった日の翌日から相続税の申告期限の翌日以後3年を経過する日までに譲渡した場合には、相続税額のうち一定金額を、譲渡資産の取得費に加算することができる。

5、譲渡費用とは（売却に要する一切の費用）

①建物の解体費用および測量を要する場合はその費用

②相続登記に要する費用

③仲介手数料及び不動産売却に必要な費用（印紙代、広告料等）

④固定資産税、印紙代および譲渡所得税等の公租公課

⑤その他遺産分割に要する一切の費用

　・鑑定を要する場合にはその費用

　・借家人がいた場合の立ち退き料

　・買主との交渉のために要した交通費

6、保有期間と税率

・短期（5年以下）　　所得税 30 ％ + 住民税 9 ％

・長期（5年超える）　所得税 15 ％ + 住民税 5 ％

重要判例 19　譲渡所得税と取得費（最判平 6・9・13）

　　　　　　　　―代償金は、取得費に該当するか―

（判　旨）

　相続財産は、共同相続人間で遺産分割協議がなされるまでの間は、全相続人の共有に属するが、いったん遺産分割協議がなされると遺産分割の効果は相続開始の時にさかのぼりその時点で遺産を取得したことになる。したがって、相続人の一人が遺産分割協議に従い他の相続人に対し代償として金銭を交付し遺産全部を自己の所有にした場合には、結局、同人が右遺産を相続開始の時に単独で相続したことになるのであり、共有の遺産につき他の相続人である共有者からその共有持分の譲渡を受けてこれを取得したものではない。そうすると本件不動産は「相続」によって取得した財産に該当すべきというべきである。したがって、その後にこれを他に売却したときの譲渡所得の計算にあたっては、相続前から引き続き所有していたものとして取得費を考えることになるから、上告人が代償として他の相続人に交付した金銭およびその交付のため銀行から借り入れた借入金の利息相当額を相続財産の取得費に算入することはできない。(注)

（注）最高裁は、遺産分割の遡及効（民 909 条）を根拠として代償金の取得費該当性を否定している。下線は、筆者が加えたものである。

実務のポイント　　譲渡所得税への配慮を欠いた苦い体験

　相続した土地を換価分割する合意が成立し、便宜上代表相続人である長男 A に相続登記をした後に、不動産を売却し、その売却金から必要経費を控除して残額を各相続人に分配した。後日、代表相続人である長男 A に、多額の譲渡所得税が課せられることに気づ

き、各相続人から譲渡所得税の分担金を返金してもらう羽目になっ
たが、その返金手続きには多くの手間・暇と心労を要した苦い体験
がある。不動産の売却が伴う事案では、譲渡所得税への配慮は欠か
せない重要事項である。

第 六 編

資　料（文例）

業務委任契約書　　　　　　　1

　委任者○○　○○を甲、受任者行政書士　○○　○○を乙として甲乙間において下記のとおり相続業務委任契約を締結する。

（業務の委任及び受任）
第1条　甲は乙に、下記の業務を委任し乙はこれを受任する。
　・相続人の確定に必要な資料の請求及び受領
　・遺産の確定と評価に必要な資料の請求及び受領
　・官公署発行の各種証明書の請求及び受領
　・遺産分割協議の日時場所の設定、各相続人への通知及び司会進行
　・遺産分割協議書の作成
　・署名・捺印の取得代行
　・預貯金の解約と元利金の受領又は預貯金の名義変更
　・貸金庫契約の解除と保管物の受領
　・株式・有価証券等の移管手続
　・司法書士への登記申請依頼
　・税理士への税務申告依頼
　・宅建士への売却依頼
　・その他遺産の分割・承継に必要な一切の事項
（期　　間）
第2条
　　業務期間は、本契約書が締結された時から原則6カ月とする。ただし止むを得ない事情がある場合には、延長することができる。この場合には、受任者は延長事由と延長期間を通知しなければならない。
（報酬額）
第3条
　　受託者への報酬額は、原則として、遺産総額の○.○％とする。
　　報酬額が○○万円を下回る場合には、○○万円とする。
　　特に複雑又は特殊な事情がある場合には、依頼者との協議により定

める額とする。

（相続財産の評価額）

第4条
- 不動産については、相続開始年度の固定資産評価額
- 預貯金については、相続開始日の残高
- 株式、国債等の有価証券については、相続開始日の終値
- 価格が不明な財産については、随時依頼者と協議する。

（費用等の別途負担）

第5条
　　下記の費用等は、相続財産を取得した相続人又は相続人の合意によって定めた者が、別途負担する。
- 相続登記申請に関する司法書士への報酬
- 相続税申告に関する税理士への報酬
- 登録免許税及び相続税並びに公租公課

（秘密保持）

第6条
　　乙は、職務上知り得た甲の秘密を、他に漏洩してはならない。

（委任者・受任者の責務）

第7条
1　甲及び乙は、相互に信義誠実の原則を守るものとする。
2　甲は、委託事務促進に必要な協力を行うものとする。
3　甲及び乙は、当該規約に規定がない事項又は解釈上疑義が生じた場合については、高度の倫理観と相互信頼の念をもって、友好的に随時取り定めるものとする。

（後任者の推薦等）

第8条
　　乙が病気その他やむを得ない事由により、業務の遂行が不可能になった場合には、責任をもって、後任者を推薦するものとする。
　　但し甲は、その推薦された者以外の者と契約することができる。

（契約の解除）

第9条

　　甲及び乙は、この契約に違反したとき又は著しい不信行為をしたときは、いつでもこの契約を解除することができる。

　　前項によりこの契約が解除されたときは、甲及び乙は、遅滞なく債権債務を清算し契約の終了に伴う措置を講ずるものとする。

　　上記契約締結の証として、本書2通を作成し、甲及び乙は、各自署名・捺印の上各1通を所持する。

令和　　年　　月　　日

　委託者（甲）

　　　住　　所　　○○県○○市○○町○丁目○番○号

　　　氏　　名　　○○　　○○　　　　　　　㊞

　受託者（乙）

　　　住　　所　　○○県○○市○○町○丁目○番○号

　　　氏　　名　　行政書士　○○　○○　㊞

コメント

　　行政書士は、相続人全員の代理人であるから、法的には相続人全員との間に業務委任契約書を締結することが基本である。しかし相続人が多数の場合や遠隔地に居住する場合等に、全員と締結することは業務の開始時点を遅らせることになり各相続人の利益にならない。代表相続人と締結すれば、各相続人からは黙示の同意があったとして、業務を進行させることができ、迅速な結果に繋がる。

署名・捺印を依頼する文書　　　　　　2

令和　年　月　日

故　山田　太郎
　　　相続人山田　一郎　様

ご　通　知

　突然にお手紙を差し上げるご無礼をお許しください。
　私は、○○県行政書士会に所属する行政書士○○　○○と申します。
このたび故・山田　太郎　様の配偶者である山田　花子　様より、故・
山田　太郎様（令和○年○月○日死亡）の相続手続を依頼され、約３ヵ
月にわたり調査いたしましたところ、あなた様が相続人であることが判
明いたしました。ご多忙とは存じますが、ご協力いただきたくお願い申
し上げます。

記

1、相続人について
　　　相続人は合計７名となります。
　　　・配偶者
　　　・兄１名　弟１名
　　　・甥２名　姪２名
　　　（同封した相続関係図でご確認ください。）
2、相続財産について
　　　・○○市内のマンション
　　　・預貯金
　　　（詳細は、同封した財産目録でご確認ください。）
3、被相続人の配偶者・山田　花子　様のご要望は次のとおりです。
　　①　○○市内のマンションは、私の今後の居住用に、また預貯金等も
　　　　今後の生活費と将来の高齢者施設等に入居する資金として私に相続
　　　　させて頂きたい。

第六編　資　料（文例）　　203

②　上記遺産を取得させていただく代償金（いわゆるハンコ代）とし
　　て、兄弟に各 100 万円、甥姪に各 50 万円をお支払いいたします。
　③　相続手続費用について私・山田　花子が負担いたしますので、皆
　　様には一切のご負担はおかけいたしません。
4、遺産分割協議書について
　　同封した遺産分割協議書に、ご同意いただける方は、署名・捺印を
　お願いいたします。
　・氏名は必ず自書してください。
　・印鑑は、実印（役所に届けてある印鑑）を押してください。
　・上段または氏名の隣に「捨印」もお願いします。
　・汚れたり、かすれたりした場合には、重ねて押さずに隣へ新しく押
　　してください。
　・住所は省略せずに印鑑証明書の通りに記載してください。
5、ご多忙のところお手数をおかけいたしますが、書面到達後 10 日以
　内に同封した返信用封筒にて、遺産分割協議書に印鑑証明書 1 通を添
　えてご返送ください。
6、その他
　　上記内容にご同意いただけない方は、別途話し合いの機会を持ちた
　いと思いますので、その旨を文書、電話等でお伝えください。面談ご
　希望の場合には、私がお伺いいたしますので、ご足労はおかけいたし
　ません。

　ご質問等がございましたら、いつでもお気軽に下記までご連絡くださ
　い。

　　　　　　　　　　　　　○○県○○市○○町○丁目○番○号
　　　　　　　　　　　　　○○行政書士事務所
　　　　　　　　　　　　　　行政書士　　○○　　○○　職印
　　　　　　　　　　　　　　電話　　○○○－○○○－○○○

コメント

　1、被相続人の配偶者から依頼を受けた行政書士が、依頼者等の要望を参考に作成した遺産分割協議書を、他の相続人に提案して署名・捺印を依頼する文書である。

　2、上から目線で、署名・捺印せよと迫る印象を与えないことが最重要である。揉めるきっかけを与えないように文言と内容に、細心の注意をはらうことが重要である。

　3、代償金（いわゆるハンコ代）は、相続人全員に一律が望ましいが、配偶者の意向によって兄弟と甥・姪で差額が出てもさしつかえない。

　4、送付方法は、簡易書留郵便又は特定記録郵便を利用する。追跡番号を利用することにより相手方への到達の有無を確認でき安心である。

　5、郵送に際しては、封筒の裏面等に「相続関係書類在中」の記載をすると、受け取った相続人に安心感を与えることができる。ときには、開披する前に、内容物に不信感をいだいて電話等で用件を問い合わせてくる相続人もいる。

委　任　状　　　　　　　　　　　　　　3
（銀行宛 1 ）

（代理人）　住　所　　○○県○○市○○町○丁目○番○号
　　　　　　名　前　　○○　　○○
　　　　　　職　業　　行政書士

私は、上記の者に私の代理人として下記の権限を委任します。
1、下記の被相続人が、○○銀行○○支店に預託していた一切の預金
　等に関する残高証明書の請求・受領、払戻し手続、名義変更手続及
　び元利金等を受領する行為
　・被相続人の氏名　　山田　太郎
　・死亡年月日　　　　令和　年　月　日
　・本籍地　　　　　　○○県○○市○○町○丁目○番地
2、上記に付帯関連する一切の事項

令和　年　月　日
　　（相続人）
　　　住　所
　　　氏　名　　　　　　　㊞

コメント
　1、本文書は、筆者が日頃使用している特定の金融機関宛の委任状で
　　ある。支店名も必ず明記する。
　2、貸金庫の存在と文言
　　貸金庫を利用している場合は、「並びに貸金庫を開扉し内容物の収
　　受を行う行為」を併記する。
　3、信用金庫、信用組合、農業協同組合等への出資金がある場合に
　　は、「組合の脱退に伴う出資金の払戻し」の文言が必要となる。
　4、投資信託の存在と文言

投資信託は、投資家から預かったお金を資金として、専門家が株式や債券等に投資しその運用成果が投資家に分配される金融商品なので、預金とは基本的な仕組みが全く異なる。そこで投資信託が含まれていることが明らかな場合には、「投資信託に関する契約の解除および分配金を受領する行為」の文言を追記した方が賢明である。

委 任 状 　　　　　　　　　 4

（銀行宛 2）

令 和 　 年 　 月 　 日

住 　 所

氏 　 名

私は、故＿＿＿＿＿＿が、株式会社○○○○○銀行＿＿＿＿支店に
おいて行っていた取引の相続手続きにおいて、以下の者を代理人
として次の権限を委任します。

1　代理人（住所・氏名をご記入ください）

　　住 　 所＿＿＿＿＿＿＿＿＿＿＿＿＿＿＿＿＿＿＿＿＿＿＿

　　氏 　 名＿＿＿＿＿＿＿＿＿＿＿＿＿＿＿＿＿＿＿＿＿＿＿

2　権限（該当する番号を○で囲んでください）

（1）借用中の貸金庫（第　　　種　第　　　号）・セーフティバッグ
　　（証書番号＿＿号）、セーフティバッグ（証書番号＿＿号）について
　　解約手続を行い、内容物を受領する一切の件

（2）預け入れの預金について必要な手続きを行い、元利金等を受領す
　　る一切の件

（3）保護預け中の債権・金・受益証券について解約手続きを行い、解
　　約金等を受領する一切の件

　　　　　　　　　　　　　　　　　　　　　　　　　　　　以上

> **コメント**
>
> 　本委任状は、大手金融機関の M 銀行が使用している委任状である。参考のために原文のまま紹介する。

委　任　状　　　　　　5

（ゆうちょ銀行宛3）

私は、下記の者に私の代理人として次の事項を委任します。

　　（住所）　　○○県○○市○○町○丁目○番○号
　　（名　前）　○○　　○○
　　（職　業）　行政書士

1、被相続人○○　　○○（死亡日令和○年○月○日）がゆうちょ銀行
　　に預託していた一切の預金等に関する下記の行為
　　　　①残高証明書の請求と受領
　　　　②相続手続に関する書類の提出
　　　　③相続手続に関する証書等の受領
　　　　④相続手続に関する払戻金の受領
　　　　⑤相続手続に関する返送書類の受領
　　　　⑥相続手続に関する連絡
2、その他上記に付帯関連する一切の事項

令和　年　月　日

（相続人）
住　　所　○○県○○市○○町○丁目○番○号
氏　　名　○○　○○　　　　㊞

コメント

　1、筆者がゆうちょ銀行の払戻し手続きまたは名義変更手続きの際に
　　使用している委任状である。委任事項の範囲については、ゆうちょ
　　銀行が使用している委任状の文言をそのまま引用した。
　2、ゆうちょ銀行の委任状の見本には、委任者がすべての事項を自書

（手書き）で作成することを要求しているが、筆者は、委任者には氏名のみを自書（手書き）していただき、受任者の氏名・住所及び委任事項については、事前にパソコン等で印字して委任者の負担を軽減している。

3、受任者が行政書士であること、また実印を捺印（印鑑証明書添付）していることもあり、相続センターから委任状の不備について指摘を受けたことはない。

4、動的安全と静的安全の調和

　ゆうちょ銀行が、委任状にすべての事項を、委任者に自書（手書き）を要求していることは、静的安全に重きをおき過ぎ動的安全と静的安全の調和の精神からも好ましくないと考える。（注）

　（注）静的安全とは、すでに獲得した権利や利益が他人にみだりに奪われることのないように法律上保護されることをいう。動的安全とは、取引行為によって新たに権利や利益を取得しようとするときに、その取得行為が法律上保護されることをいう。この二つの要請をどのように調整するかは、解釈上の重要な問題である。

委　任　状　　　　　　　　6

（証券会社宛4）

私は、下記の者に私の代理人として、下記の事項を委任します。

（住　所）　○○県○○市○○町○丁目○番○号

（氏　名）　○○　　○○

（職　業）　行政書士

1、下記の被相続人が、○○証券株式会社　○○支店に寄託してい
　　た、すべての相続財産の名義書換、返還、売却、相続移管及び受渡
　　等相続手続きに関する一切の件

（被相続人）
　　最後の住所　○○県○○市○○町○丁目○番○号
　　氏　　　　名　○○　　○○
　　（令和　年　月　日死亡）

2、上記に付帯関連する一切の事項

令和　年　月　日

（相続人）

　　住　　所　○○県○○市○○町○丁目○番○号
　　氏　　名　○○　○○　　　㊞

コメント

1、M証券株式会社が実際に使用している委任状を、参考のために紹介する。

2、証券会社に対する株式の相続手続きは、被相続人の株式を相続人の証券口座に移管する手続きなので、委任事項に相続移管の文言を必ず入れる。

委　任　状　　　　　　　　　　　　　7

―法定相続情報一覧図写しの交付申請―

（代理人）
　　住　　所　　○○県○○市○○町○丁目○番○号
　　職　　業　　行政書士
　　氏　　名　　○○　　○○

　私は、上記の者に対し、以下の被相続人の相続に係る次の権限を委任する。

1、法定相続情報一覧図を作成すること
2、法定相続情報一覧図の保管及び一覧図の写しの交付の申出をすること（希望する法定相続情報一覧図の写しの交付通数＿＿＿通）
3、法定相続情報一覧図の写し及び返却される添付書面を受領すること
4、上記1から3までのほか、法定相続情報一覧図の保管及び一覧図の写しの交付の申出に関して必要な一切の権限

　　被相続人の最後の住所（又は本籍）

　　被相続人の氏名

　　死亡年月日

　令和　年　月　日

（委任者）
　　住　　所　　○○県○○市○○町○丁目○番○号
　　氏　　名　　○○　　○○

コメント

1、法定相続情報証明制度を利用する場合の、法定相続情報一覧図の
　写しの交付申請する際の委任状である。法務局のホームページから
　引用した。

2、交付通数の記入を忘れないことに注意する。

3、行政書士は、資格者代理人として行政書士票の写しを添付する。
　その際、余白に下記の通り記載し署名・捺印する。
　上記写しは、原本と相違ありません　甲野　一郎　㊞

第六編　資　料（文例）　215

相続分譲渡証書

8

　　　　住　　所　　東京都○○区○○町○丁目○番○号
　　　　譲渡人　　　山田　一郎（以下甲という）
　　　　住　　所　　東京都○○区○○町○丁目○番○号
　　　　譲受人　　　山田　二郎（以下乙という）

　甲は、乙に対し、本日、被相続人亡山田太郎（死亡日　令和　年　月　日、本籍地　東京都○○区○○町○丁目○番地）の相続について、甲の相続分全部を（有償　又は　無償）にて譲渡し、乙はこれを譲り受けた。

　令和　年　月　日

　　　　　　　　　　　　　　甲　　山田　　一郎　　㊞

　　　　　　　　　　　　　　乙　　山田　　二郎　　㊞

脱　退　届

代表相続人○○　○○　殿
　私は、現在協議中の、被相続人亡山田太郎（令和　年　月　日死亡、本籍地　東京都○○区○○町○丁目○番地）の遺産分割手続について、相続分譲渡証書のとおり、自己の相続分全部を山田　二郎に譲渡しましたので、本件手続きから脱退したく相続分譲渡証書を添付のうえお届けいたします。

　令和○○年○○月○○日
　　住　　所　東京都○○区○○町○丁目○番○号
　　氏　　名　山田　一郎　　　㊞

> コメント
>
> 1、脱退届は、必ずしも必要としないが、同時に作成すると遺産分割協議からの離脱が明確となる。
> 2、実務的には、相続権のない内縁の妻や世話になった息子の嫁への譲渡が想定される。信用金庫や信用組合の払戻し（解約）手続きに伴う出資金については、持分譲渡または金銭での払戻しを選択できるようになっている。

遺産分割協議書
―基本的文例―

$\boxed{9}$

　被相続人甲野　太郎（令和　年　月　日死亡、本籍地 ○○県○○市○○町○丁目○番地）の遺産につき、共同相続人である甲野　花子、甲野　一郎、甲野　二郎は、遺産分割協議の結果、被相続人の遺産を、次のとおり分割した。（注1）

　1、相続人甲野　花子は、下記の不動産を取得する。
　　　土地　　所　在　　○○市○○町○丁目　（注2）
　　　　　　　地　番　　○番○
　　　　　　　地　目　　宅地
　　　　　　　地　積　　○○．○○㎡
　　　建物　　所　在　　○○市○○町○丁目○番地
　　　　　　　家屋番号　○番○
　　　　　　　種　類　　居宅
　　　　　　　構　造　　木造スレート葺2階建
　　　　　　　床面積　　1階○○．○○㎡　2階○○．○○㎡
　　　（未登記のため令和○年度課税資産の内訳から記載）（注3）

　2、相続人甲野　一郎は、下記の預貯金債権を取得する。
　　　○○銀行○○支店に預託してある預金債権の全て（注4）

　3、甲野　二郎は、下記の株式を取得する。
　　　株式会社○○製作所の株式3,000株

　4、相続人甲野　花子は被相続人甲野　太郎の下記の債務を継承する。
　　　・○○銀行○○支店からの借入金
　　　・公租公課及び葬式費用

　5、本遺産分割協議書に記載なき遺産、後日判明した遺産については、別途協議する。
　　　本遺産分割協議の成立を証するため、本遺産分割協議書3通を作成し、各自1通を保有する。

令和　年　月　日
　　（注5）住　　所　　○○県○○市○○町○丁目○番○号
　　　　　氏　　名　　　　　　　　　　㊞（注6）
　　　　　住　　所　　○○県○○市○○町○丁目○番○号
　　　　　氏　　名　　　　　　　　　　㊞
　　　　　住　　所　　○○県○○市○○町○丁目○番○号
　　　　　氏　　名　　　　　　　　　　㊞

コメント

　（注1）被相続人については、死亡年月日、本籍地または最後の住所
　　　　地で特定する。
　（注2）土地は、所在と地番で特定できるが、後日の登記申請を考慮
　　　　して登記全部事項証明書のとおりに記載する。
　（注3）未登記の建物については、（未登記のため令和○年度課税資産
　　　　の内訳から記載）と表示する。
　（注4）特定の金融機関に同じ預金種目の口座が複数あって、その口
　　　　座を各相続人に別々に相続させる場合には、口座番号を記載する必
　　　　要があるが、その他の場合は必ずしも記載する必要はない。
　（注5）住所が判明している場合は、事前にパソコン等で印字してお
　　　　くと相続人の負担が軽減する。
　（注6）署名の後に、必ず実印で押印する。

遺産分割協議証明書

10

―代償分割―

　被相続人山田　太郎（令和　年　月　日死亡、本籍地○○県○○市○○町○丁目○番地○○）の遺産につき共同相続人である山田　花子、山田　一郎、山田　二郎、山田　三郎、山田　四郎、山田　五郎、及び山田　六郎は遺産分割協議の結果、被相続人の遺産を下記のとおり分割したことを証明する。

　1、　相続人甲野　花子は、下記の不動産を取得する。

　　　土　地　　所　在　　　○○市○○町○丁目
　　　　　　　　地　番　　　○番○
　　　　　　　　地　目　　　宅　地
　　　　　　　　地　積　　　○○．○○㎡
　　　建　物　　所　在　　　○○市○○町○丁目○番地
　　　　　　　　家屋番号　　○番○
　　　　　　　　種　類　　　居宅
　　　　　　　　構　造　　　木造スレート葺2階建
　　　　　　　　床面積　　　1階○○．○○㎡　2階○○．○○㎡

　2、山田花子は、前項の不動産取得の代償として、山田　一郎、山田二郎、山田　三郎、山田　四郎、山田　五郎、及び山田　六郎に、金○○万円の債務を負担することとし、これを令和　年　月　日までに、指定された銀行口座に振り込む方法により支払う。

　3、本協議書に記載なき遺産、後日判明した遺産は山田　花子が取得する。

　　　本遺産分割協議の成立を証するため、本遺産分割協議証明書を作成し、山田　花子が、各相続人の全部を合わせた遺産分割協議証明書を保有し、他の相続人はその写しを保管する。

　令和　年　月　日
　　（住　所）　○○県○○市○○町○丁目○番○号

（氏　名）　　　　　㊞

コメント

1、本文書は、代償分割を内容とした遺産分割協議証明書の例である。

2、遺産分割協議証明書の効用

同一内容の遺産分割協議証明書を相続人数分作成し、共同相続人が各別に署名・捺印する方式である。実印・印鑑証明書を添付した全部を合わせて提出するときは、遺産分割協議書として取り扱うことができる。

3、相続人が多数の場合は、相続人宛に同時に発送が可能であり日時を大幅に短縮できる。

遺産分割協議書

〔11〕

―換価分割―

　被相続人甲野　太郎（令和○年○月○日死亡、本籍地　○○県○○市○○町○丁目○番地○○）の遺産につき、長男甲野　一郎、二男甲野二郎は、遺産分割協議の結果、被相続人の遺産を、次のとおり分割した。

1、相続人甲野一郎は、換価ため、代表相続人として下記不動産を相続する。

　　土　地　　所　在　　　○○市○○町○丁目

　　　　　　　地　番　　　○番○

　　　　　　　地　目　　　宅　地

　　　　　　　地　積　　　○○．○○㎡

　　建　物　　所　在　　　○○市○○町○丁目○番地

　　　　　　　家屋番号　　○番○

　　　　　　　種　類　　　居宅

　　　　　　　構　造　　　木造スレート葺２階建

　　　　　　　床面積　　　１階○○．○○㎡

　　　　　　　　　　　　　２階○○．○○㎡

2、代表相続人甲野　一郎は、上記不動産を登記のうえ売却する。

3、甲野　一郎は、売却金より必要経費を控除し、その残額の２分の１を甲野　二郎に支払うものとする。

4、甲野　一郎は、上記不動産を買主に引き渡すまで管理することとし、その管理費用は、各相続人が２分の１の割合をもって負担する。

5、本遺産分割協議書に記載なき遺産、後日判明した遺産については、別途協議する。

　　本遺産分割協議の成立を証するため、本遺産分割協議書２通を作成し、各自１通を保有する。

令和　年　月　日
　　住　所　　○○県○○市○○町○丁目○番○号
　　氏　名　　　　　　　㊞
　　住　所　　○○県○○市○○町○丁目○番○号
　　氏　名　　　　　　　㊞

コメント

1、換価分割とは
　共同相続人が、遺産を未分割の状態で換価し、その売却金から必要経費を控除して、残額を分割する方法である。

2、遺産分割協議書の条項に、換価の都合上、代表相続人○○　○○が相続し、登記のうえ売却する旨の文言を入れておくと、遺産分割協議書を作成した目的が明確となり、後日贈与税等に関する紛争が避けられる。

3、換価分割と代償分割の選択の目安
　換価分割は、相続人全員が相続を希望しない不動産が存在する場合に、代償分割は、当該不動産を必要としている相続人が存在し、代償金を支払っても確保したい場合に利用されるのが一般的である。

遺産分割協議書　　　　　　　　12

―配偶者居住権の取得―

　被相続人山田　太郎（本籍地○○県○○市○○町○丁目○番地）は、令和　年　月　日に死亡した。共同相続人である配偶者山田　花子と長男山田　一郎は、被相続人の下記自宅不動産につき、下記のとおり分割することに同意した。

　1、山田　花子は、下記建物の配偶者居住権を取得する。

　2、山田　一郎は、下記建物の負担付所有権を取得する。

　3、山田　一郎は、山田　花子と共同で速やかに登記申請を行う。

　　不動産の表示

　　　　　所　　在　　　○○市○○町○丁目○○番地

　　　　　家屋番号　　　○番　　種　類　　居宅

　　　　　構　　造　　　木造瓦葺2階建

　　　　　床面積　　　　○○平方メートル

　4、山田　花子は、下記の預金を取得する。

　　名義人　　　　山田　太郎

　　銀行名　　　　○○銀行○○支店

　　種　別　　　　定期預金

　5、本協議書に記載なき遺産、後日判明した遺産は別途協議する。

　　本遺産分割協議の成立を証するため、本遺産分割協議書2通を作成し、各自1通を保有する。

　令和　年　月　日

　　相続人

　　　住　　所　　○○県○○市○○町○丁目○番○号

　　　氏　　名　　　　　　㊞

　　　住　　所　　○○県○○市○○町○丁目○番○号

　　　氏　　名　　　　　　㊞

コメント

1、令和2年（2020年）4月1日に施行された配偶者居住権を、遺産分割協議で取得する文例である。

2、配偶者居住権は、配偶者に配偶者居住権を取得させる旨の遺産分割協議、遺贈または死因贈がなされることによって成立する（民1028条）。

遺産分割協議書 　　　　　　　　13

―数次相続―

　被相続人山田　太郎（本籍地　○○県○○市○○町○丁目○番地）は、平成　年　月　日に死亡した。その後、山田　太郎の配偶者である山田　花子も死亡したので、山田　太郎兼山田　花子の相続人である長男山田　一郎及び二男山田　二郎は、遺産分割協議の結果、下記のとおり分割した。

1、被相続人山田　太郎の下記不動産につき、山田　花子は持分４分の２を、山田　一郎と山田　二郎は各々持分４分の１を取得する。
　　土　地　　所　在　　　○○県○○市○○町○丁目
　　地　番　　○番○
　　地　目　　宅　地
　　地　積　　○○．○○㎡
　　建　物　　所　在　　　○○県○○市○○町○丁目○番地
　　家屋番号　○番○
　　種　類　　居宅
　　構　造　　木造スレート葺
　　床面積　　○○．○○㎡

2、被相続人山田　花子（令和○年○月○日死亡、本籍地○○県○○市○○町○丁目○番地）が、前記１、により取得した持分４分の２は、山田　一郎が取得する。
　　被相続人山田　花子が○○銀行○○支店に預託していた預金は、山田　二郎が取得する。

　　本遺産分割協議の成立を証するため本遺産分割協議書２通を作成し、各自１通を保有する。

令和　年　月　日

　　　住　　所　　○○県○○市○○町○丁目○番○号
　　　氏　　名　　甲野　太郎および甲野　花子の相続人
　　　　　　　　　　　　山田　一郎　　㊞
　　　住　　所　　○○県○○市○○町○丁目○番○号
　　　氏　　名　　甲野　太郎および甲野　花子の相続人
　　　　　　　　　　　　山田　二郎　　㊞

コメント

1、数次相続とは、一次相続の遺産分割未了の間に、二次相続が開始し遺産分割を同時に行う場合である。

2、本事案は、山田　太郎が死亡（一次相続）後、遺産分割未了の間に、配偶者山田　花子が死亡（二次相続）し、2つの遺産分割を同時に行う事例である。

3、本件のように一次相続と二次相続の相続人が同一人である場合には、複数の遺産分割を1通の遺産分割協議書にまとめて作成することができる。

4、一次相続と二次相続の相続人が異なる場合（例えば父が死亡、その後長男が死亡したような場合）には、父の分割と長男の分割とを、2通に分けて遺産分割協議書を作成した方が、明快で分かり易い。その後の登記申請手続きや配偶者の税額軽減の適用を考慮するとなおさらである。

第六編　資　料（文例）　227

自筆証書遺言
―基本的文例―

14

遺 言 書

　私、山田　太郎は、下記のとおり遺言する。

1、下記不動産は、妻山田　花子に相続させる。（注1）

　　　所　在　　○○市○○町○丁目　（注2）

　　　地　番　　○番○

　　　地　目　　宅　地

　　　地　積　　○○．○○㎡

2、下記の私名義の預金は、妻山田　花子、長男山田　一郎、二男山田　二郎に各3分の1の割合で相続させる。

　　　・銀行名　　○○銀行○○支店

　　　種別　　定期預金　　　　口座番号○○○○○○○　（注3）

　　　・○○株式会社の株式の全て（○○証券○○支店に預託）

3、下記の私名義の預貯金から、医療費、葬儀費用、公租公課等の債務を控除し、残額は妻山田　花子に相続させる。

　　　銀行名　　○○銀行○○支店

　　　種別　　普通預金　　　　口座番号○○○○○○○

4、その他一切の財産ついては、長男山田一郎に相続させる。（注4）

5、遺言者は、遺言者の死亡以前に妻山田　花子が死亡したときは妻山田　花子に相続させるとした遺産は、遺言者の甥山田三郎に遺贈する（注5）。

6、葬儀、納骨および祭祀を主宰し、墓地を承継するものとして長男一郎を指定する。

7、遺言執行者として下記の者を指定する。（注6）

　　　住所　　○○県○○市○○町○丁目○番○号

　　　職業　　行政書士

　　　氏名　　○○　　○○

遺言執行者は、必要と認めるときは、第三者にその任務の一部又は全部を行わせることができる。

8、遺言執行者の報酬は、金○○○万円とする。

付言事項

　私は、妻の老後の生活を守るために、また長男一郎に祖先の供養を行ってもらいたいとの希望からこのような遺言を作成した。一郎と二郎はお母さんを支え仲良く暮らしてほしい。(注7)

令和 年　月　日　(注8)

　　　　　　　　○○県○○市○○町○丁目○番○号　(注9)

　　　　　　　　　　山田　　太郎　　㊞ (注10)

- -

コメント

(注1) 相続人に特定の財産を残す遺言は「相続させる」、相続人でない第三者に財産を残す場合には「遺贈する」と記載する。

(注2) 土地は、所在と地番で特定できるが、登記申請に備えるためには登記全部事項証明書のとおりに記載する。

(注3) 特定の金融機関に同じ預金種目の口座が複数あって、その口座を各相続人に別々に相続させる場合には、口座番号を記載する必要があるが、その他の場合は必ずしも記載する必要はない。

(注4) この文言を入れておくことで、万一私道部分や、少額の預金口座等が漏れていても、再度遺産分割協議をする必要がなくなる。

(注5) 推定相続人や受遺者が、遺言者よりも先に死亡した場合には、その部分は無効となるが、予備的遺言を記載することにより再度作り直す必要がない。

(注6) 遺言執行者を指定することで、他の相続人の協力が得られない場合でも手続きが進められる。また他人にその一部又は全部を委任できる旨を定めておくと安心である。

(注7) 遺言を作成した理由を書いておくと、残された相続人の理解を得やすい。

(注8) 日付も「○月吉日」「米寿の日」「満70歳の誕生日」といった

第六編　資　料（文例）　229

指定ではなく、日付を入れる。遺言書は最も新しい日付が有効とされるため、日付は重要である。

（注9）法的には住所を記載する必要がないが、遺言者を特定するために通常は住所も記載する。

（注10）印鑑は認印でもよいが、未登録で印鑑証明書を取得できない等の特別の事情がない限り、実印を押す。

遺言による配偶者居住権の設定　　15

遺　言　書

1、私は、自宅である下記建物の配偶者居住権を、妻山田　花子（昭和○○年○○月○○日生）に遺贈する。
　　不動産の表示
　　　　所　在　　　○○県○○市○○町○丁目○番○号
　　　　家屋番号　　○番
　　　　種　類　　　居宅
　　　　構　造　　　木造瓦葺2階建
　　　　床面積　　　50.00平方メートル

2、私は自宅である上記建物の負担付所有権を、長男山田一郎（昭和○○年○○月○○日生）に遺贈する。

3、私は、私名義の下記預金債権の全額を、妻山田花子（昭和○○年○○月○○日生）に相続させる。
　　　　銀行名　　　○○銀行○○支店
　　　　種　別　　　普通預金　　　　　口座番号○○○○○○○

4、遺言執行者として下記の者を指定する。
　　　　職業　行政書士
　　　　住所　○○県○○市○○町○丁目○番○号
　　　　氏名　○○　　○○

令和　年　月　日
　　　　　　　　　　　　○○県○○市○○町○丁目○番○号
　　　　　　　　　　　　山　田　太　郎　㊞

第六編　資　料（文例）　231

コメント

　令和 2 年（2020 年）4 月 1 日に施行された配偶者居住権を遺言で取得させる文例である。

1、被相続人が遺言によって配偶者に配偶者居住権を取得させるためには、遺贈によることを要し（民 1028 ①二号）、特定財産承継遺言によることはできない。

　遺贈であれば特定の財産についてのみ放棄ができるが(民 986 条)、特定財産承継遺言による取得を認めることにすると、配偶者が配偶者居住権の取得を希望しない場合にも、配偶者居住権の取得のみを拒絶することはできずに、相続放棄をするほかないことになり、かえって配偶者の利益を害するおそれがある。

一問一答　新しい相続法 p14

2、居住建物の「所有権」に関する遺言も特定財産承継遺言ではなく、負担付遺贈と解すべきである。　一問一答　新しい相続法 p14

3、配偶者居住権の設定の登記は、配偶者（権利者）と居住建物の所有者（義務者）との共同申請となるが、遺言執行者の定めがあれば、配偶者と遺言執行者で登記申請をすることができる

遺言による生命保険金受取人の変更　　16
－事業承継と遺留分対策－

遺　言　書

1、私は、長男甲野　一郎に、事業用財産全部を相続させる。

　　(1)　○○市○○町○丁目○番地の店舗の賃借権及び同店舗内の商

　　品、備品等の動産一切

　　(2)　遺言者が事業用に使用している自動車（登録番号○○○○）

　　(3)　○○の屋号、これによる営業権及びのれん

　　(4)　○○信用金庫○○支店に預託してある預金

2、甲野　一郎は、遺言者の屋号○○で取引した債務及び○○信用金

　庫に対して負う債務を、単独で承継する。

3、私は、私を保険契約者兼被保険者として、甲生命保険相互会社と

　の間で締結した生命保険契約（証券番号○○○○○○）の死亡保険

　受取人を、妻甲野　花子から長男甲野　一郎に変更する。

4、遺言執行者として長男甲野　一郎を指定する。

　遺言執行者は、この遺言の効力が生じた後、速やかに甲生命保険相

　互会社に対し、前項による保険金受取人の変更を通知するととも

　に、所定の手続きを取るものとする。

令和　年　月　日

　　　　　　　　　　○○県○○市○○町○丁目○番○号

　　　　　　　　　　　甲野　太郎　㊞

- -

コメント

　1、甲野太郎は、長男甲野一郎に事業用財産全部を相続させることに

　　した。長男甲野一郎には、金銭的に余裕がなく、他の兄弟から遺留

　　分侵害額請求を受けた場合に支払うことができないことが想定され

　　る。そこで遺言者を被保険者とする生命保険金につき、この際、受

　　取人を妻甲野花子から長男甲野一郎に変更して、遺留分侵害額請求

第六編　資　料（文例）　233

に備えることにした。

2、生命保険の受取人は生前に変更することができる（保険法 43 条
①）が、遺言ですることもできる（保険法 44 条①②）。

3、遺言による受取人の変更は、その旨を通知しなければならない。
生前に変更すると、従来の受取人に知られ紛糾する恐れがある場合
には、遺言でする方が賢明である。

遺言による推定相続人の廃除　　　17
―遺留分対策―

遺　言　書

1、長男甲野　一郎は、これまで刑事事件を三度も起こし、私や家族
　を困らせた。また令和　年の正月には、私と妻に木刀で襲いかか
　り、それぞれに重傷を負わせたことから、遺言者は長男甲野　一郎
　（昭和　年　月　日　生）を相続人から廃除する。

2、私は、この遺言の遺言執行者として下記の者を指定する。
　　千葉県○○市○○町○番地
　　行政書士　　○○　　○○

令和　年　月　日
　　　　　　　　　　住　所　　○○県○○市○○町○丁目○番○号
　　　　　　　　　　遺言者　　○○　　○○

- -

コメント
　1、被相続人が、遺言で推定相続人を廃除する意思を表示したとき
　　は、遺言執行者が、その遺言の効力が生じた後、遅滞なくその廃除
　　を家庭裁判所に請求しなければならない（民893条）。
　2、認められるためには、虐待・重大な侮辱又は著しい非行があった
　　ことを証明する必要があるので、具体的事実の証拠となるものを、
　　遺言執行者に渡しておくなどの準備が必要となる。
　3、廃除によって、法定相続人の相続権を失わせれば、その者の遺留
　　分もなくなるので、遺留分に関する紛争を予防する手段となる。
　4、被廃除者は、当該被相続人との関係でのみ、相続資格を失うにす
　　ぎず、他の者との相続関係には及ばない。

第六編　資　料（文例）　235

遺言執行者就任通知書　　　　18

　故山田　太郎
　　　相続人山田　一郎　様

　拝啓、厳寒の候、貴殿におかれましてはご健勝の段お慶び申しあげます。
　唐突にお手紙を差し上げるご無礼をお許しください。
　さて、戸籍上、貴方の叔父になられます山田　太郎（本籍地　○○県○○市○○町○丁目○○番地）が令和　年　月　日に逝去されました。
　故山田太郎氏は、平成　年　月　日付で○○公証役場にて「別添写し」のとおり遺言公正証書を作成しておられ、同書第3条にて、小職は遺言執行者に指定されております。
　よって、小職は、遺言執行者に就職し財産目録作成に着手することを、相続人である貴殿にご通知申しあげます（民法1007条）。
　なお、本書面は、民法第1007条②の規定により、相続人である貴殿に送付する次第であることを申し添えます。
　　　　　　　　　　　　　　　　　　　　　　　　　　　　　　敬具

　令和　年　月　日
　　　　　　　　　　　住　所　○○県○○市○○町○丁目○番○号
　　　　　　　　　　　氏　名　亡山田　太郎　遺言執行者
　　　　　　　　　　　行政書士　○○　○○　㊞

コメント
　1、平成30年（2018年）の民法改正によって、遺言執行者の通知義務が明文化された（民1007条②）。
　2、財産目録（民1011条）と一緒に送付してもよい。簡易書留郵便または特定記録郵便にて送付する。相手方に到達したか否かを追跡番号で確認ができるからである。

3、なお最後の2行は、送付方より「何ももらえないのに書類を送っ
　てくるな」等の苦情に対処するために書き添えるものである。

遺言執行者からの委任状　　　　　19

委　任　状

住　所　　○○県○○市○○町○丁目○番○号

氏　名　　○○　　○○

職　業　　行政書士

私は、上記の者を代理人と定め、下記の権限を委任します。

令和　年　月　日付で○○公証役場にて作成の令和○年第○○号遺言公正証書に基づく、後記被相続人の遺言執行に関する一切の件

　・被相続人　　甲野　太郎
　・本　　籍　　○○県○○市○○町○丁目○○番地
　・死亡年月日　令和　年　月　日

令和　年　月　日

　　　　　　　　　住　所　　○○県○○市○○町○丁目○番○号
　　　　　　　　　氏　名　　故甲野太郎　遺言執行者
　　　　　　　　　　　　　　甲野　一郎　　　　　　㊞

コメント
1、平成30年（2018年）7月の民法改正により、遺言執行者はやむを得ない事由がなくても、自己の責任で、その任務の全部及び一部を第三者に委任できるようになった（民1016条）。
2、遺言執行者の復任権は、遺言を最後の実行まで見届ける確実な担

保制度である。
3、実務上は、作成時に遺言者から依頼されて気軽に引き受けた親族
　からの、復委任が多い。

遺言執行者から銀行に対する通知文　　20

○○銀行
　　○○支店　御中

1、故山田　太郎（本籍地　○○県○○市○○町○丁目○○番地）は、貴行に対し下記の預金債権を有しておりましたが、令和　年　月　日に死亡いたしました。

記

・名義人　　　　　山田　太郎
・銀行支店名　　　○○銀行　○○店
・預金の種類　　　定期預金　口座番号　○○○○○○○
　　　　　　　　　普通預金　口座番号　○○○○○○○

2、故山田　太郎は、令和　年　月　日付で○○公証役場にて令和○年第○○号公正証書遺言を作成しており、第○○条により山田　一郎が、上記預金債権全部を取得いたしました。また第　　条により私○○○○が、遺言執行者に選任されております。よって私○○○○が解約・払戻し手続きを行う所存ですが、取り急ぎ民法第899条の2②、民法1014条②に基づきご通知いたします。

令和　年　月　日

　　　　　　　　住　所　○○県○○市○○町○丁目○番○号
　　　　　　　　氏　名　故山田　太郎　遺言執行者
　　　　　　　　　　　　行政書士　○○　○○　㊞

コメント

1、特定財産承継遺言の遺言執行者からの、銀行に対する通知文である。
2、第三者との関係が生じることが予想される場合には、内容証明郵便で送付する。

3、公正証書遺言の写しを添付する。これにより遺言の内容と遺言執
　行者の権限を明らかにする。
4、この通知により、共同相続人全員が債務者に通知したものとみな
　される（民899条の2②）。民法467条の特則である。

遺留分侵害額請求通知書　　　　21

○○県○○市○○町○丁目○番○号
　甲野　一郎　殿

被相続人甲野　太郎（本籍○○県○○市○○町○丁目○番地）は、令
和　年　月　日に死亡し相続が開始しました。

被相続人甲野　太郎は、生前令和　年　月　日付で○○公証役場にて
令和○年第○○号公正証書遺言により、長男である貴殿に対し不動
産、預貯金その他すべての財産を相続させる旨の遺言を作成しており
ます。

被相続人には、配偶者甲野　花子、長男である貴殿、及び二男である
通知人の相続人３名がおり、上記遺贈により通知人の遺留分８分の１
が侵害されています。

よって通知人は、長男である貴殿に対し、本書面をもって遺留分侵害
額の請求をいたします。

令和　年　月　日

　　　　　　　　　　○○県○○市○○町○丁目○番○号
　　　　　　　　　　通知人　甲野　二郎　㊞

コメント

　遺留分額を侵害された相続人から、侵害した相手方へする通知文であ
る。
　1、送達された日を証拠として残すために、内容証明郵便等を利用す
　　る。
　2、遺留分権利者が、受遺者等に対して、最初に行うことになる遺留

分に関する権利を行使する旨の意思表示は、形成権の行使であり、その時点では必ずしも金額を明示して行う必要はないものと考えられる。

(『一問一答　新しい相続法』商事法務 2019 年 p124)

3、令和元年（2019 年）7 月 1 日より前に被相続人が亡くなった場合、この申立てはできない。遺留分を侵害された者は、改正前民法の規定に基づき、遺贈を受けた者に対し、遺留分侵害の限度で遺贈された物件の返還を請求する遺留分減殺による物件返還請求となる。

遺留分侵害額請求と合意書　　　22

長男甲野　一郎及び二男甲野　二郎は、被相続人甲野　太郎の相続に
関して下記のとおり合意する。

1、長男甲野　一郎は、被相続人甲野　太郎が、令和　年　月　日付
　　で○○公証役場にて作成の令和○年第○○号公正証書遺言が、二男
　　甲野　二郎の遺留分を侵害していることを認める。

2、長男甲野　一郎は、二男甲野　二郎に対する遺留分侵害額として
　　金○○○万円の支払い義務があることを認める。

3、長男甲野　一郎は、前項の金額を、○○日以内に、指定された銀
　　行口座に振り込むことにする。なお、振込手数料は、長男甲野　一
　　郎の負担とする。

4、長男甲野　一郎と二男甲野　二郎は、被相続人甲野　太郎の相続
　　に関して本合意書に定めるほか、何らの債権債務がないことを、相
　　互に確認する。
　　本遺留分侵害額請求に関する合意の成立を証するため、本合意書2
　　通を作成し、各1通を保有する。

　令和　年　月　日

　　　　　　　　　　　住　　所　　○○県○○市○○町○丁目○番○号
　　　　　　　　　　　氏　　名　　　　　　　　　㊞

　　　　　　　　　　　住　　所　　○○県○○市○○町○丁目○番○号
　　　　　　　　　　　氏　　名　　　　　　　　　㊞

コメント

　1、事案の概要

　　被相続人甲野　太郎は、親の代から電気工事店を営んでいたが、自宅兼店舗を含め全ての財産を、長男甲野　一郎に相続させる旨の公正証書遺言を残していた。相続人は、長男甲野　一郎と二男甲野二郎であるが、両者は仲が悪く日頃の付き合いもほとんどなかった。長男甲野　一郎は、話し合いで解決したいと強く希望していた。付言事項には、二男甲野　二郎に対し、交通事故による賠償金や消費者金融の借金を立て替えたので、遺留分侵害額の請求は行使しないようにとの記載があった。

　2、遺留分侵害額請求について、合意により解決した際の文例である。

　3、支払い方法については、文例のように指定された銀行口座に振込むことにする方法が一般的であるが、筆者が関与した本件では、金○○○万円を、被相続人甲野　太郎の四十九日の法要終了後に、長男甲野　一郎の自宅にて現金で支払い合意した。

　4、付言事項と証拠書類

　　付言事項で多くの美辞麗句を記載しても、相手の心を動かすことは難しい場合が多い。本件では、賠償金の支払いや消費者金融の借金等を立て替えた証拠書類を用意して、二男甲野　二郎を説得して合意を得ることができた。

遺言執行者による相続登記申請書　　　23

　　　　　　登　記　申　請　書

登記の目的　　所有権移転
原　　　因　　令和　年　月　日相続
相　続　人　　（被相続人　甲野　太郎）
　　　　　　　○○県○○市○○町○丁目○番○号
　　　　　　　甲野　一郎

申請人
遺言執行者　　○○県○○市○○町○丁目○番○号
　　　　　　　○○　　○○　　　　　　㊞
　　　　　　　連絡先の電話番号　　○○　　○○

添付情報　　　登記原因証明情報（注1）　　住所証明情報（注2）

□　　　　　　登記済証の交付を希望しません。

令和　年　月　日申請　　　　　　　　　○○地方法務局　○○支局

　課税価格　　　　（注3）
　登録免許税　　　（注4）

　不動産の表示（注5）

　　　　　　　　　　　省　　　略

コメント

　1、相続させる旨の遺言と登記申請

遺言執行者は、特定の財産を共同相続人の一人又は数人に承継させる旨の遺言「特定財産承継遺言」につき、対抗要件を備えるために必要な行為をすることがきるようになった（民 1014 条②）。行政書士も、遺言執行者に就任していれば、登記申請ができることになった。

2、登記原因証明情報とし次の書類が必要となる（注 1）。
　①遺言書
　②被相続人が亡くなったことの証明として、被相続人の戸籍（除）謄本
　③不動産を取得する相続人が、生存していることの証明として、その相続人の現在戸籍謄本

3、住所証明情報として次の書類が必要となる（注 2）。
　不動産を取得する相続人の住所を、登記全部事項証明書に記載するため。

4、その他の書類
　①被相続人と登記簿上の名義人との同一性を証明するため、被相続人の住民票の除票または戸籍の附票
　②固定資産評価額証明書（登録免許税を計算するため）

5、相続関係図（戸籍謄本、除籍謄本、改正原戸籍謄本を返還してもらうため）

6、遺言書を還付してもらうための準備
　・全てをコピーする。
　・左側をホチキスで止める。
　・1 ページ目に「原本に相違ない旨」を記載し、申請人が記名押印する。
　・全てのページを繋げるために契印する。

7、課税価格（注 3）
　課税価格　固定資産評価額証明書に記載された価格のうち 1,000 円未満を切り捨てた金額。
　不動産が二つ以上存在し、一つの申請書で登記申請するときには、

それぞれの固定資産の価格を合算し、その後に 1,000 円未満の金額を切り捨てる。

8、登録免許税（注 4）

課税価格 × 1,000 分の 4

登録 100 円未満の金額は、切り捨てる。算出した金額が 1,000 円に満たない時は、登録免許税は 1,000 円となる。

9、不動産の表示（注 5）

登記事項全部証明書のとおりに記載する。

参考文献

1、『民法（第三版）親族法・相続法』我妻栄　有泉亨他　勁草書房 2013 年
（ダットサン民法の愛称で長く人々に親しまれてきた名著である）。

2、『詳解相続法第 2 版』潮見佳男　弘文堂　2018 年
（多くの具体的なケースで相続法の全体像を詳説し、実務にも役立つ知識が満載である）。

3、『一問一答　新しい相続法』堂薗幹一郎　野口宣大　商事法務 2019 年
（立案担当者が趣旨・内容を分かりやすく詳細に解説している。改正相続法の理解にはこの本は大変お勧めである）。

4、『行政書士の業務　その拡大と限界』阿部　泰隆　信山社　2012 年
（行政書士への熱いエールが感じられる著作である）。

5、『新 7 版行政書士法コンメンタール』兼子　仁　北樹出版　2016 年
（行政書士法全般の逐条解釈で手許にあると安心である）。

6、『遺言法体系』蕪山　嚴他　西神田編集室　1995 年
（遺言の判例と学説の体系化を意図した本である）。

7、『証書の作成と文例』遺言編三訂版　日本公証人連合会　立花書房 2021 年
（日本公証人連合会が、公証人の公証実務のために作成した文例集であり、安心して活用できる著作である）。

8、『民事信託の実務と信託契約書例』伊庭　潔編著　日本加除出版 2017 年
（信託法の条文を大切にして、信託法の規定に基づいた信託条項を作成し提示している。民事信託を業務とする者にとっては、必須の貴重な書物である）。

9、『磯野家の相続』長谷川　裕雅　すばる舎　2010 年

10、『磯野家の相続税』長谷川　裕雅　すばる舎　2011 年

（9、10 は、弁護士・税理士で元新聞記者であった著者が、遺産分割と相続税に関して明快にわかりやすく解説している）。

11、『知れば怖くない弁護士法 72 条の正体』吉岡　翔　彩流社 2008 年

（判例を丹念に検討し事実に即した説得力のある本である）。

12、『遺言書は死んでも書くな』額田洋一　千倉書房　2023 年

（斬新な表題であるが、安易に遺言書を作成することにより、新たな紛争が生じることに警鐘を鳴らしている著作である）。

※本書の活用は、読者の責任においてご利用ください。著者は一切の責任を負いません。

※本書について、誤字・脱字、著者の誤解にもとづく記述等に気付かれた方は、下記のメールによりご指摘いただければ幸甚です。

　メールアドレス　hatsumi-gyohsei@nifty.com

※本書を無断で複写複製することを禁じます。

著者紹介

初見　孝（はつみ　たかし）

茨城県水戸市出身

県立水戸第一高等学校卒業

中央大学法学部法律学科卒業

2004 年　行政書士登録（千葉県行政書士会所属）

2015 年　特定行政書士付記

改訂増補版
行政書士のための相続実務マニュアル

令和 4 年 9 月30日　　初版発行

令和 7 年 4 月12日　　改訂増補版発行

著者　　　　初見　孝

発行・発売　株式会社三省堂書店／創英社
　　　　　　〒101-0051　東京都千代田区神田神保町1-1
　　　　　　Tel：03-3291-2295　Fax：03-3292-7687

制作　　　　プロスパー企画

印刷／製本　藤原印刷

©Takashi Hatsumi 2025 Printed in Japan
ISBN978-4-87923-287-8 C3032
乱丁、落丁本はおとりかえいたします。定価はカバーに表示されています。
※本書を無断で複写複製することを禁じます。